古典文獻研究輯刊

三六編

潘美月・杜潔祥 主編

第 **44** 冊

陸繼輅集
（第一冊）

陳 開 林 整理

國家圖書館出版品預行編目資料

陸繼輅集（第一冊）／陳開林 整理 -- 初版 -- 新北市：花木蘭文化事業有限公司，2023〔民112〕
目 76+150 面；19×26 公分
（古典文獻研究輯刊 三六編；第 44 冊）
ISBN 978-626-344-302-0（精裝）
1.CST：陸繼輅 2.CST：崇百藥齋 3.CST：學術思想
4.CST：文學評論
011.08   111022068

ISBN-978-626-344-302-0

古典文獻研究輯刊
三六編 第四四冊   ISBN：978-626-344-302-0

陸繼輅集（第一冊）

整　　理　陳開林
主　　編　潘美月、杜潔祥
總 編 輯　杜潔祥
副總編輯　楊嘉樂
編輯主任　許郁翎
編　　輯　張雅淋、潘玟靜　美術編輯　陳逸婷
出　　版　花木蘭文化事業有限公司
發 行 人　高小娟
聯絡地址　235 新北市中和區中安街七二號十三樓
　　　　　電話：02-2923-1455／傳真：02-2923-1452
網　　址　http://www.huamulan.tw 信箱 service@huamulans.com
印　　刷　普羅文化出版廣告事業
初　　版　2023 年 3 月
定　　價　三六編 52 冊（精裝）新台幣 140,000 元

版權所有 · 請勿翻印

陸繼輅集

（第一冊）

陳開林 整理

作者簡介

陳開林（1985～），湖北麻城人。2009 年畢業於重慶工商大學商務策劃學院，獲管理學學士學位（市場營銷專業商務策劃管理方向）。2012 年畢業於湖北大學文學院，獲文學碩士學位（中國古代文學先秦方向）。2015 年畢業於華中師範大學文學院，獲文學博士學位（中國古代文學元明清方向）。現為鹽城師範學院文學院副教授、江蘇省「青藍工程」優秀青年骨幹教師培養對象。主要研究元明清文學、經學文獻學。完成江蘇高校哲學社會科學基金項目「錢穆佚文輯補與研究」（2017SJB1529），在研國家社科基金後期資助《古周易訂詁》整理與史源學考辨」（21FZXB017）。出版《〈全元文〉補正》《劉毓崧文集校證》《〈周易玩辭困學記〉校證》《〈純常子枝語〉校證》《杜詩闈》《陳玉澍詩文集箋證》《詩經世本古義》，並在《圖書館雜誌》《文獻》《中國典籍與文化》《古典文獻研究》《圖書館理論與實踐》《中國詩學》等刊物發表論文百餘篇，另有「史源學考易」系列、清代別集系列數種等待刊。

提　　要

　　常州在清代學術史上佔有重要地位，無論是思想界的常州今文學派，還是文學界的常州詞派、陽湖文派，在當時及後世都產生了巨大的影響。陸繼輅作為陽湖文派的重要成員，但與陽湖文派的其他代表成員，諸如張惠言、惲敬、李兆洛相比，相關研究成果明顯偏少，還有較大的研究開發空間。

　　陸繼輅的文學整理述涵蓋詩詞、文章、戲曲，卷帙頗豐，但目前研究分布極為不均，主要聚焦於其文章方面，基礎文獻的整理、詩詞研究付之闕如。本書內容包括《崇百藥齋文集》二十卷（清嘉慶二十五年刻本），《崇百藥齋續集》四卷（清道光四年合肥學舍刻本），《崇百藥齋三集》十二卷（清道光八年刻本。另附其妻錢惠尊《五真閣吟稿》一卷），《合肥學舍劄記》十二卷（清光緒四年興國州署刻本）。另外，其兄子耀遹與之齊名，人稱「二陸」。故附錄陸耀遹《雙白燕堂集唐詩》。本書係陸繼輅集的首個整理本，期於為陸繼輅的相關研究提供一個較為便利和精確的文本，並提供一些新的材料，以便在此基礎上，做出相應的研究。

大運河文化帶建設研究院鹽城分院智庫
鹽城地域文化與社會治理研究院智庫
階段性成果

目

次

第二冊

前　言

　　常州在清代學術史上佔有重要地位，無論是思想界的常州今文學派，還是文學界的常州詞派、陽湖文派，在當時及後世都產生了巨大的影響。研究江蘇文化，延續江蘇文脈，常州文化名人是不可迴避的重要對象。陸繼輅及其侄陸耀遹齊名，並稱「二陸」，是陽湖文派的重要成員。二人「拔幟文壇，崇闡群藝」（陶澍《雙白燕堂文集序》），享有盛譽，自當加以觀照。

　　陸繼輅（1772～1834），字祁生，一作祁孫，號修平，又號又商、霫莊、商對、季木，江蘇陽湖（今武進）人。生於乾隆三十七年壬辰十一月二十六日。「嘉慶庚申，中江南鄉榜，八試禮部，仍黜。丁丑，大挑二等，選合肥縣學訓導。……又修省志，董成事。以勞議敘，授江西貴溪縣知縣。到官三年，治政清肅，因疾乞休。」道光十四年甲午六月二十三日，沒於南昌，年六十三。（據李兆洛《貴溪縣知縣陸君墓誌銘》）生平事蹟見李兆洛《貴溪縣知縣陸君墓誌銘》、《清史列傳》卷七二、《清史稿》卷四八六。另外，《上海圖書館藏珍本年譜叢刊》第 14 冊有秦翰才編《陸繼輅年譜稿》一卷，亦可參考。

　　陸繼輅的著述，計有《崇百藥齋文集》二十卷，清嘉慶二十五年刻本；《崇百藥齋續集》四卷，清道光四年合肥學舍刻本；《崇百藥齋三集》十二卷，清道光八年刻本（附其妻錢惠尊《五真閣吟稿》一卷）。見錄《續修四庫全書》第 1496～1497 冊、《清代詩文集彙編》第 506 冊。另有光緒四年（1878）興國州署重刊本。《合肥學舍札記》十二卷，清光緒四年興國州署刻本，見錄《續修四庫全書》第 1157 冊。另著有《碧桃記》雜劇、《洞庭緣》傳奇等。

　　關於其文學成就，《晚晴簃詩匯》卷一一四有評價：

詩話：祁孫文承陽湖宗派，兼工駢儷。詩詞婉篤深遠，澹而彌
永。李申耆為志墓，稱其肆力於詩，清溫多風，如其為人。治訓詁
考訂之學，有《札記》五十餘卷，今刻行者僅十二卷。書末附綴冗
雜，不知編次出誰手。

　　陸繼輅作為陽湖文派的代表人物，理應是相關研究的重點關注對象。然而
與陽湖文派的其他代表成員，諸如張惠言、惲敬、李兆洛相比，關於陸繼輅的
研究成果明顯偏少，還有較大的研究開發空間。張惠言等長久以來一直是學界
研究的熱門人物，陸繼輅則顯得沈寂的多。

　　學界對其研究則基本聚焦於其文章的探討，成果多在專著中論及。如曹虹
《陽湖文派研究》（中華書局，1996）第十一章《「菀菀多病，時時傷心」——
論陸繼輅》，從「可悲亦可羨的一生」、「《崇百藥齋文集》」、「重『意』的文學」、
「生命的蘊積——散文藝術魅力之源」四個方面加以展開。楊旭輝《陽湖文派
研究》（江蘇人民出版社，2010）第六章《「凡哀樂託於篇章」的陸繼輅散文》，
分為「『菀菀多病，時時傷心』的人生況味」、「陸繼輅的古文理論」、「『吐屬蘊
藉，託意迺峭』的散文創作」三節。在兩本書中，陸繼輅均是作為獨立一章。
楊旭輝《清代常州學術文化通論》（江蘇人民出版社，2018）第六章《嘉道時
期陽湖文派的鼎興》對「二陸」的文章亦有論及。楊旭輝《清代駢文史》（人
民出版社，2014）第六章《常州派駢文創作的興盛與文章理論新變》稱「常州
善駢文者尚有多人，先臚舉其名氏如下，深入研究，以俟異日」，其中就有陸
繼輅。路海洋《社會·地域·家族：清代常州古文與駢文研究》（鳳凰出版社，
2014）第四章《常州古文研究》，第二節題為《人每「傷心」，文常多情：陸繼
輅》。路海洋《清代江南駢文發展研究》（中國社會科學出版社，2016）丙編《創
闢鼎盛：清中頁江南駢文》第二章《清中葉獨步天下的常州駢文》，在第七節
《古文陽湖文派作家群體的駢文創作》中論及了陸繼輅的駢文成就。以上這些
成果偏向於從陸繼輅坎坷的人生歷程出發，結合此背景下創作的文章，探究陸
繼輅古文、駢文的藝術成就，在此領域精耕細作，研究非常深入。但由於是出
於對文章學的考量，故而致力於藝術層面，而忽略了基礎的文獻層面，對文中
的人、事、作品編年、寫作背景等缺乏深入考察。從「知人論世」的角度出現，
這些基礎工作是非常有必要進行研究的。

　　論文成果偏少，僅見車錫倫《清代劇作家陸繼輅及其〈洞庭緣〉傳奇》（《揚
州師院學報》1982 第 1 期），路海洋、羅時進《論陸繼輅古文婉摯多情的風格

特徵》（《蘇州大學學報》2008 第 2 期）。兩篇文章，一是介紹了陸繼輅的傳奇
《洞庭緣》，一是總結了陸繼輅的古文風格，對於陸繼輅豐碩的創作而言，研
究略顯單薄。

　　總之，陸繼輅的文學著述涵蓋詩詞、文章、戲曲，卷帙頗豐，但目前研究
分布極為不均，主要聚焦於其文章方面，詩詞研究付之闕如。

　　但實際上，陸繼輅的詩詞成就極高。張舜徽稱「繼輅始肆力為詩，故是集
亦以詩為多」（《清人文集別錄》），袁行雲稱「詩負盛名，又善曲」（《清人詩集
敘錄》），《晚晴簃詩匯》亦稱「詩詞婉篤深遠，淡而彌永」。職是之故，尚有待
深入探究。

　　此外，陸繼輅集中酬和寄贈之作頗多，還可為當時文人交往提供諸多線
索。如郭嵩燾日記咸豐五年乙卯十二月十八日載〔註 1〕：

　　　　（發甫）又出示包慎伯、梅伯言兩君所著其尊人《伯恬先生家
　　傳》譚儀晫〔暐〕，官山陽知縣。言其少時，與李申耆諸君為草堂之會，世
　　稱草堂諸子。草堂者，江陰祝筱珊先生讀書處也。同會者為張皋文
　　惠言，己未翰林·所著為《茗柯集》。張翰風琦，皋聞〔文〕先生之弟，戊辰舉人，所著為
　　《宛陵全書》十六種。祝子常百十，所著為《草堂詩存》，江陰人。其弟瘦峰，名百五，有
　　詩鈔。陸祁孫繼輅，庚申舉人，所著為《崇百藥齋全書》。陸紹聞耀遹，官阜寧教諭，所
　　著為《雙白燕堂詩文集》。莊卿珊綬甲，諸生，治經學，有集。劉申受逢祿，戊辰進士，
　　官禮部主事，所著為《劉禮部集》、《公羊釋例》。洪孟慈飴孫，官東湖知縣，有詩集。丁
　　若士履恒，官灘城知縣，有詩集。與李申耆先生並治經，有節行。乾嘉之際，
　　士皆尚文章，馳騖聲利。於時常州尤獨多文士，而草堂諸君子獨以
　　立身砥行相為劘切，風尚為之一變。

因陸繼輅集有編年，這就為相關人物勾稽行蹤，編訂年譜提供了極大的便利。

　　本書係陸繼輅集的首個整理本。《崇百藥齋文集》用清嘉慶二十五年刻
本、《崇百藥齋續集》用清道光四年合肥學舍刻本、《崇百藥齋三集》用清道
光八年刻本、《合肥學舍札記》用清光緒四年興國州署刻本作為底本。其兄子
耀遹與之齊名，亦以詩文著稱，人稱「二陸」。筆者另擬整理《陸耀遹集》。
故將其《雙白燕堂集唐詩》二卷（見錄《清代詩文集彙編》第 500 冊）作為
附錄。

〔註 1〕　（清）郭嵩燾撰；梁小進主編《郭嵩燾全集》第 8 冊《日記一》，嶽麓書社 2012
　　　　年版，第 5～6 頁。

　　附帶說明的是，原書計劃編製一個附錄，即以秦翰才編《陸繼輅年譜稿》
一卷為基礎，加以補正，形成《陸繼輅年譜》。然而因為忙於他事，未克完成。
　　限於個人水平、聞見，書中尚有缺陷，尚祈博雅君子教正！

崇百藥齋文集

崇百藥齋文集序錄

　　露葉辭樹，常懷並條之陰；霜鴻各飛，無已同渚之念。為想顏色，將如璩枝。夫惟德音，以當襟佩。歲陽桑兆，祗役於越，陸君祁孫褰裳相過。始平造庭，郭奕以之心醉；彥昇即座，王融於焉自失。昕暮相溯，風期遂親。若乃名區勝壤之會，山川都邑之湊，率爾欣暢，言饒壯觀。當夫流風拂乎枉渚，停雲蔭乎叢皋，水清明而抱天，山彎環而鏡壑。紫蒲冒潤，紅荷豔泉。香枝嫩葉，翡累翠疊。俄而日匿西崦，月臨東隅，波紋定圓，夜氣虛碧。牛渚聞袁虎之詠，南皮集西園之遊。又有峰鄰戢山，溪接剡曲。夏后之所朝會，秦皇之所聘望。球鍾旌旗，無復可覯；崇山激湍，是焉斯在。昔者洛濱之飲，襲以蘭渚；今也春巳之禮，行於素辰。品彙一致，風舞並適。至於春陽載華，徒旅初戒。擊汰臨平之涘，揚舲皋亭之津。竅窕緣岸，繽紛盡桃。若華傅明，表裏散彩。淺霞駮雲，一合一分。榜如塗丹，霄乃騰絳。是慕同舟之侶，有懷酡顏之歡。於斯時也，展詩揚音，申商發羽，縱橫文雅，騫翔藻思，則有軼謝客之嶺嶠，踰石卿之梓澤者矣。然而日月不處，風雲無方，張敷有還京之期，士衡鮮入洛之志。輕舟獨溯，攀條暫留。曩以旬朔乖阻，微言絕耳，猶復歔唈，勞於寤思。況乎飄然晨徵，邈若雨墜。夕息抱影，朝徂銜思。參差之蹟，良非異端；弦括之懷，末由自弭。君婉婉長離，輝輝素月，一為遊梁之客，猶安茂陵之居。充堂之芬，豈幽蘭所難；縈絃之思，雖繁會奚奏？穎姿標於夙齡，奇蘊抒於雅詠。長虞之文，竟不可及；公幹所善，絕於時人。積之歲年，溢乎筐篋。呂氏成其《八覽》，便當暴之國市；子雲匿其《方言》，猶謂監於規繡。是蓋韞櫝之深悁，勞謙之盛懷。余則搖目黃絹，戢心白雪。廬山之詩已勒於齋閣，隴首之句時書於便面，遂乃約其簡札，弟其遠近，凡如干卷。語可比於金玉，寧徒代夫萱蘇。至於沉

鬱澹簡之思，壯厲概忼之氣，淵懿溫雅之致，爥豔深華之詞，含芳腴於襟抱，揚華蕤於心極，是則韓娥之謳，不夔、曠賦而賞；纖驪之足，不良、樂而貴耳。施乎後世，有嗤皇甫作序以為美談，則愧敬禮潤色。聊追昔蹤，頗寫離膺。以斯俯仰，無復絢繪。蓋云折山中之麻，無嫌愈疏；猶期採芳渚之杜，時遺遠道也。嘉慶三年九月，儀徵阮元譔。

崇百藥齋文集第一

寒檠集

登高丘而望遠海

登高丘，望遠海，白波如龍天上來。蓬萊三山竟安在？團團紅玉貼素空，天地一色青濛濛。上距玉皇香案復幾許，拂衣便欲乘長風。伯牙鼓琴，漸離擊筑。悲從中來，長歌當哭。鳳皇孤飛，不借一枝；蛟龍失雲，不樂一池。

小倚

小倚闌干數落花，春來無味去重嗟。夕陽不管纖纖雨，一角自明芳草涯。

王二日旦愛石圖

我聞黃山天下奇，每役魂夢東南。馳醒來惝怳不可見，但覺煙嵐雨岫隱隱橫如眉。天公胡為不予畀，使我胸中鬱奇氣。王君云自新安來，攜得山頭白雲未，豈知君意殊不然。約束奇峰峭壁入，一拳圖成尺幅勢猶縱，乍疑虎踞兼龍蟠。皇天無缺覆下土，不用洪鑪鍊石補雲根。一片留人間，乃與幽人結儔伍。吁嗟乎求珠採玉何紛紛，此石寂寞無人珍。壺中九華偶然耳，海嶽差是同心人。放之寰中太華崎，不爾亦足上配星與辰。君乎落落信奇士，自說摩挲樂忘死。何當與君同坐三十六峯頂，下視人民細於蟣。

夜飲歎

母織素，兒讀書，母憐兒寒無復襦。朝來持布易錢百，東鄰有酒為兒沽。三更大風四更雪，醉意凌寒兩耳熱。此時讀書興益豪，書聲自逸機聲勞。今宵無錢不得酒，把卷圍鑪坐相守。吁嗟乎孤兒縱有酒堪醉，化作鐙前萬行淚。

古鏡辭

我有太古鏡，清光若明月。殷勤拂拭之，照人察毛髮。平池荷葉空田田，美人只有菱花憐。朝坐與對夕與眠，菱花無光美人死。日色如銀月華紫，芳魂化作青芙蓉，終古幽姿照秋水。

春愁

聽盡高樓玉笛風，春愁如夢遶芳叢。簾前幾陣疏疏雨，二月江南有落紅。

田家行

麥苗平遠似春水，暮山依微碧波裏。村前籬犬吠向人，鷺鷥拍拍驚飛起。濃陰沉沉最深處，兒童騎牛自來去。野人無事不入城，蘿衣卻掛門前樹。一聲兩聲橫笛風，一枝兩枝桃花紅。青鞋布韈我亦足，便欲相從結茅屋。

題梁溪女史遺稿

罡風獵獵吹蟾魄，連理輕摧竟誰惜。一聲兩聲叫杜鵑，血色斑斑凝夜碧。殘膏零翠空斷腸，羅幃繡幙何處鄉。虛窗夢破梨雲冷，滿庭花霧香魂影。

看劍行為莊先生宇逵作

先生好酒復好劍，鄉曲方嘲魯儒賤。誰與貌作看劍圖，展卷寒芒射人面。拂拭霜華浮玉斝，太阿爾是知我者。十年讀書心膽堅，熱血填膺向誰灑。聞雞起舞意慨慷，一片清光浩如瀉。劍乎，爾鑄自何年？爾來自何許？不隨殺賊向絕域，隴西老將氣如虎。又不伴曳侯門裾，三彈長鋏歌無魚。一鐙風雨怒欲躍，似憤主人長泥塗。吁嗟乎爾曷不變化為鉤，屈曲學作繞指柔。胡為鋒鋩激秋水，虎豹遠蹟蛟螭愁。丈夫處世寧剛折，玉碎瓦全吾自決。一石酣嬉醉不泥，七尺昂藏骨如鐵。此圖畫筆亦有神，寫人寫劍意不分。會向扶桑看曉日，攜此徑截千重雲。從來至寶有本性，鉛刀之割徒紛紛。

清鄰館桐樹為莊大曾儀移去

舊種雙桐樹，蕭疎傍曲潯。忽驚明月滿，遙想綠雲深。亦有清臞客，幽居癖苦吟。亭亭最孤直，與爾結同心。

小樓

小樓日日見征鴻，無奈離情寫未工。雲樹幾重江一曲，可憐同在月明中。

野鴨謠並序

　　　　宜興野鴨萬餘，食稻殆盡，陸子見而悲焉，為紀其事三章。

桐官山田穀初熟，咄咄奇災鴨食穀。群兒指向村前啼，拍手撼之驕不飛。農夫苦瘦鴨苦肥，吁嗟鴨兮奈爾何，羨爾飽食無催科。

前村鳴金後鳴鼓，老農焚香巫嫗舞。巫嫗舞，神所憑射。殺神鴨，罪匪輕，民願為鴨神不膺。

令君張筵日燕客，炙之燔之不敢食，且喜免捧捕蝗檄。居民愁，令君笑。大有年，已入告。吁嗟農夫無鴨怨，鴨食汝穀有時去。

追悼亡友吳君廷嶽

涼風動大地，日月去飄忽。之子歸重泉，餘痛猶在骨。平生求輔仁，初筮得朋吉。感君盡孝悌，溫純金玉質。讀經兼讀史，慷慨慕奇節。寒蛩階下鳴，微雨秋瑟瑟。攝屐忽相過，快若慰饑渴。譚深更漏促，攜手不忍別。倚門望君去，遙遙一燈沒。常恐事遠行，饑驅成契闊。設想已惆悵，何況遂永訣。歲在大淵獻，正月君始疾。家貧投賤藥，無計令君活。見面強勸慰，忍淚語嗚咽。知君千萬言，口燥不得說。是時天正陰，黑雲夜如漆。我出坐齋頭，恍惚鬼瞰室。孤檠淡無熖，慘慘若將滅。忽聞號咷聲，長逝在倉猝。親衰更無子，幼女病亦卒。仰視蒼蒼天，何罪受此罰。君貌本豐下，謂當壽考歿。如何竹柏姿，風雨疾摧折。思之如夢寐，向空書咄咄。書生痛早逝，賸有錦囊血。君志豈區區，不忍聽銷歇。壽命有修短，令名固莫奪。君兄光悅。善事母，聊用慰愁絕。人生天地閒，哀樂難具述。

楚雲曲為湯別駕昌業作

蘇臺二月春風暖，陌上花開行緩緩。關情何許玉驄停，繡字新題楚雲館。就中有女擅無雙，素摺黃絁入道妝。偶逢花底驚回顧，強到尊前道勝常。尊前花底

相憐久，兒家舊事君知否。曾入侯門侍早朝，蒼茫短劫悲重剖。長眉學畫女相如，金屋娉婷十五餘。愛月夜涼調綠綺，薰香晝永仿官奴。忽傳張宴開新釀，深深早設金雞障。座客無言夜未央，霓裳一曲疑天上。酒酣起舞解金貂，此際中丞氣尚豪。失寵監司牛馬走，假威狐兔霍奴驕。七尺珊瑚輕一碎，幾人色變逡巡退。不重黃金重結歡，祗愁未得中丞愛。彈指榮枯似轉輪，三千食客散如雲。尋常但識將軍令，到此方知獄吏尊。空憶華亭悲鶴唳，空思黃犬上東門。狼籍金釵賤於土，紛紛香玉都無主。重攜脂粉向平康，強半相逢陽翟賈。枉將金字寫華嚴，青蓮憔悴淤泥苦。夜闌細數舊樓臺，月黑鐙青淚如雨。人世悲歡總可憐，滄桑廿載憑誰訴。淪落真慚燕子樓，漂零漸忘驚鴻舞。窗前不復誦靈光，入夢繁華欲斷腸。青眼喜今遭杜牧，紅顏應解惜蕭娘。我聞此語添愁絕，身名轉瞬成銷歇。浙山平遠浙江清，回首驕奢信無匹。寂寂瑯邪土一丘，捧心只合一生愁。銷魂南浦難為別，欲倩垂楊繫客舟。

寶玉篇寄丁四履恒

我昔曾過龍首東，其下苔水流淙淙。蒼茫暝色暗千樹，奇氣忽耀青芙蓉。至寶所在鬼神守，齋戒默禱能感通。精靈結撰幾千載，破石得玉光如虹。再拜拂拭凝雙瞳，奇珍入手思良工。願抱此玉同石友，被褐懷璧甘長終。深山大澤徑幽癖，爭奪未免虞蛟龍。玉乎慎勿受塵污，瑕玷使我愁心胸。

少年行

偶讀俠客傳，幽燕多奇才。躍馬看山不辭遠，千里遂抵昭王臺。臺邊二月皆酒壚，入座不解金僕姑。路人未敢問名姓，疑是東吳孫伯符。腰下寶劍雙龍文，攜此欲贈平生親。仰天撫掌忽大笑，長揖自弔荊卿墳。吁嗟乎雙眸如水將向誰，手撫玉驄行復歸。歸來江南春未已，人在羅敷明鏡裏。

歲暮作詩自勵

忽忽歲遒盡，戚戚無歡悰。因思古君子，百憂集乃躬。挫折氣彌勁，粲若垂天虹。所以蹈仁義，鼎鑊神從容。修名眾所好，強制難為功。鉛刀豈不割，入冶愁銷鎔。短篷豈不疾，無力乘長風。貧乏已云困，以何貞數窮。君看雪窖內，何如陋巷中。

惜別

逝水無回波，落日無回光。言與之子別，始覺去日長。憶初讀書山僧房，春風二月貝多香。空中漸有征雁翔，庭前芳樹黏繁霜。繁霜淒淒已飛雪，美人含愁撫瑤瑟。朱絃欲調轉鳴咽，且復高歌永今夕，梅花枝頭掛寒月。

別詞

愛花惜花落，愛月悲月缺。豈惟月缺悲，月圓已愁絕。清光瘦影兩依依，似妾今將與君別。涼風颯颯天欲曙，天曙看君出門去。沉吟卻語窗前雞，祝雞勿向碧樹啼。

楊先生倫歸自武昌感舊抒懷奉呈五十韻

當代無雙士，傾心奉瓣香。先生欣返櫂，賤子記升堂。回首垂髫日，傷懷坦腹牀。陳平空美好，衛玠本疎狂。遇阮雙青眼，呈韓一錦囊。開來觀玉軸，時為設瑤觴。座撤青紗帳，謂孫夫人。書盈白練裳。登龍聲價倍，附驥姓名彰。江漢流今古，人文集琥璜。皋比專所任，模楷慎其相。化雨行三楚，清風誦九章。嵐光環几席，燭影映琳琅。仰止高山遠，懷哉別路長。丹鉛遺蠹簡，泉石閉岩房。孤露承慈訓，清貧守士常。偶分丙夜火，忘辦午餐糧。司馬原多病，安仁異悼亡。秋窗聞語鵬，深院泣鳴螿。宛宛紅閨裏，依依阿母旁。瞿曇虛一現，玉鏡未三霜。飄忽浮雲幻，淒涼薤露瀼。良緣慳省識，短劫痛蒼茫。半子情逾切，頻年感未央。神仙移眷屬，欸乃赴瀟湘。先生迎孫夫人之楚。人已悲南浦，魂應怯北芒。可憐新鬼小，長臥古城荒。寂寂多芳草，萋萋帶夕陽。榆錢飛滿地，麥飯冷盈筐。夜雨散燐火，春風開野棠。關心最寒食，灑淚向昏黃。漸少音書寄，知稀魚雁將。浣花新著述，先生撰《杜詩鏡詮》二十卷成。帶草舊芬芳。顧我泥塗困，慚公玉尺量。奇珍同抱璞，絕技遜穿楊。介母能偕隱，鸞妻不世妝。良朋共憔悴，蕭寺亦徜徉。懷刺常磨滅，吟騷自激昂。掩關烹苦茗，脫帽倚修篁。對月人千里，披雲天一方。相逢誰刮目，感舊獨迴腸。說項情如昨，攀嵇意轉傷。女蘿曾施栢，溟溿或收潢。近艤毗陵舫，寧誇南粵裝。崇蘭仍馥郁，古樹更青蒼。小蘭亭、九柘居，皆先生家塾名。重檢詩文篋，應超翰墨場。出山非小草，入世本洪樟。放鶴連雲遠，飛鳧傍日翔。種花應是杏，課畝盡生桑。報最他年事，言情何日忘。吟成發三歎，簷鐵動迴廊。

寄徐大芬

尺書忽墮空中翼，故人勗我加餐食。關心海內數知己，強半思家歸未得。憶昔置酒君南樓，雲溪二月楊枝柔。畫船如梭棹謳發，翠羽歷亂翔輕鷗。我時憑闌動高詠，珠簾半上珊瑚鉤。相看疑是王子晉，手把玉簫樓上頭。祇愁驂鸞倏仙去，萬花無語凝春晡。管絃初停月飛上，波光一碧澄不流。幾日秋風吹落葉，西園衰草多黃蝶。已到神山風引還，一笑仍回渡江楫。爾時更有錢王孫，狂吟脫帽氣拂雲。持杯且學魏公子，買絲枉繡平原君。吁嗟乎識君何遲別何遽，送君望斷河干樹。吟鞭遙指古夷門，落日征車悵然去。人生離合苦恩恩，我亦饑驅不能住。一春花事雨冥冥，獨客無聊酒易醒。怕到雲溪舊游地，辛夷落盡碧窗扃。

集杜句招莊大遊艤舟亭

幽棲地僻經過少，花徑不曾緣客埽。我有新詩何處吟，但話夙昔傷懷抱。桃花一簇開無主，蛺蝶飛來黃鸝語。物色生態能幾時，雷聲忽送千峰雨。浴鳧飛鷺晚悠悠，予亦沙邊具小舟。蒼苔濁酒林中靜，請公一來開我愁。

嬌女

嬌女如嬌鳥，依人亦可憐。知他長成日，飛傍阿誰邊。

觀鶴行

黃家池館生雲煙，恍然行上蓬萊巔。群仙縹緲在何許，突兀一鶴當吾前。秋風蕭蕭鷹振翼，汝獨胡為樂棲息。舉頭天外意惆悵，是誰鎩汝凌霄翮。獨立松根之怪石，戛鳩旁啼燕飛側。主人飼雞兼飼汝，怪汝長鳴不能食。毛羽飄零鳳在笯，骨格昂藏驥伏櫪。神物小謫會有時，仙山舊侶應相憶。何當跨汝飛入雲，明月寒空夜吹笛。

養疴雜詩

幽懷最宜病，長共藥裹親。掩關意良適，刑靜氣亦馴。疎花媚古樹，好鳥啼清晨。時時傾綠酒，持杯玩其醇。

夜長不能寐，臥聞魚躍聲。起看殘月影，映此池水清。豈無羈旅客，良宵動離情。姑留定遠筆，漫請終軍纓。

長樂足損志，多愁亦傷神。愁樂兩無跡，悠優含古春。開窗延好風，中有百卉芬。臨風啜清茗，此意難具陳。

伐木詞

五色山雞忽飛起，斧聲丁丁夕陽裏。野人山居不買薪，日向山頭伐荊杞。持錢贈汝勿更伐，山深樹古生連理。連理青青可憐色，上有好鳥名比翼。

憶遠曲

波流湯湯山寂寂，不阻行人阻歸客。憶昔送君江干行，長隄柳暗聞雛鶯。啼鵑喚君君不歸，雲間朔雁飛冥冥。出門後會不可定，安用別語虛丁寧。君不見明月荒荒百蟲語，今夜西風又吹雨，離人心中奈何許。

游子吟為友人作

白云爾何來，亭亭在南野。登高望遠泣如雨，我有親舍在其下。秋風吹空雲北去，故鄉茫茫不知處。

天欲曙，星正稀。瘦馬駕，村雞啼。晨風如鏃酒力微，新婦夜長不下機，何日卻寄征人衣。征人不苦寒，老親七十衣裳單。

驕兒識字一萬餘，兒父出門心躊躇，此呱呱者當何如。兒母常歸寧，兒亦罷讀書。兒兮思親勿悲苦，親今賴爾娛爾祖。

贈錢三丈季重

橫山之才美無匹，橫山之窮亦奇絕。肅霜典盡天驟寒，便學袁安臥殘雪。妻啼兒號不可聞，君亦伏案如含嚬。忽然起立仰而笑，此作何似周清真。去年饑走大梁道，日日無聊玉山倒。十載陳編弔信陵，古城莽蒼傷懷抱。少年手散千黃金，交空四海誰最深。蒼苔落葉滿窮巷，投袂欲作還山吟。人生有遇有不遇，朝露浮雲竟何據。志士由來畏受恩，漫將腐鼠矜寒素。君不見劉孝標，慨然手著《廣絕交》。嚴陵臺遠望不及，為君更賦箜篌謠。

過明故宮

奇貨迎來此續貂，蔣山佳氣已全消。偏安時勢非三國，管領鶯花比六朝。調鼎重臣工翰墨，防河大將詠逍遙。中興事業風流甚，祇築章華貯細腰。

七夕寄婦

渺渺銀河水，無因見鵲橋。天涯未圓月，萬古可憐宵。俠拜怯孤影，相思寄短謠。何年跨雙鳳，雲際共吹簫。

青溪小姑祠

寂寞青溪口，芳祠坐小姑。波聲想環珮，月色見肌膚。桃葉猶名渡，盧家尚有湖。一般供悵惘，人去鳥相呼。

陽羨苦雨鎮日無聊欲歸未能漫成四章

積陰暗簾箔，睡起忽已晝。濛濛萬雨絲，無聲但寒透。

銅峰忽收青，冥冥入煙霧。惆悵問西風，吹山向何處。

小眠倦轉劇，客緒類中酒。獨坐撫秋窗，猶照月輪否。

孤鐙淡無焰，寒意客先覺。不復祝新晴，歸期已非約。

毘陵竹枝變詞

姑顏欣欣婦顏悅，同向晴窗擘丹橘。結束新衣五日忙，家家茗椀金粟香。且喜今年風日好，記得中秋月輪皎。為約鄰姬踏月行，倚闌只盼斜陽早。含羞顧步轉恩恩，鏡聽爭憐好語同。歸來試對菱花立，露氣熒熒鬢邊濕。秋間以鹽漬桂花，元旦取點茶，香色不減。又元宵晴雨，以隔年中秋為驗。

東風吹斷社公雨，社祠夜打催花鼓。蒼龍蜿蜒彩鳳翔，燈影一一飄橫塘。橫塘冰泮水初漲，萬朵芙蕖一時放。近市人家捲布簾，隔花酒舍傾家釀。沉沉更漏夜欲闌，路人傳說拾金鐶。明宵重向社祠過，琉璃無光神暗坐。芳樹雛鶯喚清曉，柳影橫窗日呆呆。艤舟亭畔遊人多，結伴踏青須去早。枝中水上春正喧，風吹袷衣香一園。陌頭柔桑為誰綠，但覺繁英看不足。碧桃花落雨廉纖，幾日春愁壓繡奩。聽得賣花聲一喚，雲溪十里捲珠簾。三月雨，俗謂桃花水發。

通吳門外雕輪滿，鬢影衣香連不斷。釋迦生日一城忙，爭向蘭若燒頭香。長廊一百八尊者，數罷偏誇貌妍冶。亭亭日午塔影圓，山僧重乞結眾緣。金錢十萬飛滿地，從此都應荷神庇。歸來宛若笑語濃，袖中攜得櫻桃紅。佛寺兩廊繪百八羅漢像，婦女禮佛畢，輒以己年數多寡數之，得猙獰者則以為不吉。

安石榴開紅似火，日日雲溪飛畫舸。龍舟百尺蹴浪開，縹緲蜃氣吹層臺。明眸皓腕深深見，十里歌聲浮水面。晏公祠前夜未央，月色燈光同一片。楊梅初紫

盧橘黃，沉沉琥珀流霞觴。醉中忘歸天欲曙，卻省今朝喚船去。纖纖新月照銀河，銀河脈脈橫素波。美人俠拜展筠席，瑤杯玉腕傾璃液。簷前灑淚雨乍晴，幾日又放青蓮燈。巨魚唼影水頻響，餘焰忽訝幽燐青。是時月色亦淒絕，六街九陌堆層冰。君不見東鄰有女怨遙夜，素手穿鍼月光下。

古劍行寄張大昆宗

美人愛明鏡，壯士愛寶刀。張公贈我兩龍劍，惜我骨相非班超。懸肘既無斗大之金印，掛壁惟有挹酒之花瓢。毛生褚生並錄錄，雜處毋乃非其曹。牀頭久繫輒鳴嘯，似憤棄置悲無聊。劍，吾語爾，爾毋怒。聞昔邊陲曾用武，既缺我錡破我斧。爾鋕爾鋒亦何補，淋漓血痕漬如許，豈有封侯能到汝。君不見孟嘗堂前食客歌，淮陰市上少年侮，劍於斯時亦良苦。爾今從我守蓬戶，免辱泥塗廁軍伍。況我故人爾舊主，以爾相貽當縞紵。千金之寶擲壞土，不若生前供我醉中舞。午夜聞雞意激楚，灑爾相思淚如雨。

簡園月下同婦探梅因成六韻

東風何日來荒村，暗香早返梅花魂。征鴻遺響落清宇，獨鶴斂翼眠雲根。亭亭人與花枝並，花枝瘦似娉婷影。卻疑真是此花身，同倚幽輝不知冷。羅浮香夢漸依稀，聞笛空教淚滿衣。霜重月明清徹骨，與花同化白雲飛。

寄莊大曾儀懷遠

憶初讀書城東庵，一鐙如豆分蓮龕。於時君歸自山左，稍理詩篋停征驂。蘆簾竹閣劇幽靜，時有雙燕來呢喃。庭柯經雨翠欲滴，砌花映日紅初酣。《周官》佶屈頗難習，背誦若水傾盈甔。閒來更好養生術，玉池靈液常滋涵。楊園咫尺動遊興，每趁夜月偕窮探。手攀古藤坐怪石，山鬼窈窕聽雄譚。自從君去不復往，捲幔聊亦看遙嵐。錢郎樂府妙天下，攜醉過我吟秋龕。爾來避債苦無地，憔悴大類三眠蠶。張生讀禮淚痕濕，丁子講學道氣覃。愧予結習尚如昨，硯北兀坐人嗤憨。嚴冬雪花大於掌，北風颯颯雲曇曇。庭前呵手弄冰柱，醉後起舞持霜鐔。紅紗蒙眼君莫悵，泥塗曳尾吾尤耽。子瞻狂謀百未遂，稽[註1]康入世七不堪。衹余聚處樂難忘，似啖諫果回微甘。遲君早就買田約，雞鳴風雨曾同諳。荊塗山色近何若，秀絕未必如江南。夢魂倘訪舊游處，梅花和月搖空潭。

〔註1〕「稽」，似當作「嵇」。

大雪中徐五世枬過訪

風雪冷如此，故人來叩門。無舟猶訪戴，君家距城十里，每欲相見，步行即至。有酒可留髡。大地冰壺裏，蕭齋古樹根。似聞僮僕笑，歸路已黃昏。

王二日旦梅林小坐圖

先生愛客不畫客，忘形乃有一卷石。余曾為君題愛石圖。先生好色不繪色，捲簾獨坐梅花側。訂石作友，聘梅為妻。穀城老叟，九嶷仙姬。春風東來動縞袂，衣香鬢影何霏微。平生亦有師雄夢，玉笛聲中為長慟。輸君圖畫百不憂，單衣脫帽還相共。圖中裌衣科頭非早春情事，故戲云爾。閒來酌酒歌王郎，平視許我窺新粧。若準孤山舊時例，更寫一鶴翔花旁。

寄洪大飴孫

大酉山邊路，傳聞有寇氛。滔滔武谿水，曾渡馬將軍。鼛鼓驚寒柝，烽煙亂暮雲。遲歸莫惆悵，草檄倘需君。

白門旅館贈莊大逵吉

我懷寥寂思知音，莊生與我同素心。客中十日九相見，秦淮未抵交情深。謝家群從吾皆識，劣虎憂龍摠英特。柔情俠骨又逢君，肺腑相傾無所飾。白門山色生暮煙，濕翠飄落雕闌前。淺斟低唱各年少，鄰姬指點疑神仙。捲簾明月垂簾雨，萬戶無聲兩人語。翻恐還鄉會晤疏，旁人頗哂癡如許。君不見周郎陸弟去千載，落莫江山若相待。人生離合知未央，風塵勉葆容光在。

題胡孝廉稷夢遊圖

我聞西那之都，金母所居。其閒玉闕曁天，綺臺承霄，瑤幹千尋，空青萬條。董雙成弄雲和之笙，王子登彈八琅之璈。煙景珠擊西盈之鍾，賈屈廷吹鳳唳之簫。凡諸仙姬，不可一一數。大抵水為裳，霧為佩，出曉風，旋暮靄。我自謫降人世二十有二年，吟魂未上大羅天。胡君獨何幸，篷然不負春宵眠。依稀記得舊游徑，徑入那怕方平鞭。白環丹剛古香襲，紅雨漫空裌衣濕。誠知身已到雲中，美人更在雲端立。或言萼綠華，金鐶曾降羊權家。又言杜蘭香，玉簡亦贈包山張。如君所遇可相仿，珍重丹青繪惝恍。噫嘻乎才人每喜說前身，寓言十九何必求其真。由來證道必慧業，我輩合是蓬萊人。即今好夢如雲遠，生綃一幅離愁滿。他年綵鳳倘雙棲，幸把儂詩付仙管。

題畢二訓咸詠古詩

畢生示我詩兩束，雨窗奇氣騰如煙。此中全貯十七史，其數適符三百篇。讀書敢求舜禹閒，立論似覷軒羲年。夜吟恐有鬼神攫，為君按劍寒鐙前。

莊先生無題詩題後

生小傾城號謫仙，蹉跎空剩賣珠錢。美人晚嫁公休悵，嫁早還應更可憐。

斷炊篇為吳二錫傅作

朝陽復東升，攬衣起旁皇。斗米食已罄，何用充饑腸。一解。腸雖饑，骨如石。兒饑不罷讀，婦饑不廢績。二解。涓涓井底泉，青青園中葵。汲泉煮葵葉，聊復供晨炊。三解。東鄰食猩脣，西鄰食魚尾。吳生忍饑樂如此，我虞爾曹病肥死。四解。

齋中讀書

攬鏡忽自詫，秋水為雙矑。如何二十年，尚有未見書。得毋處貧賤，憂勞岴寧居。晨起謀饔飱，午食心已舒。冬來計裳衣，春至寒亦除。戚戚苦無暇，嗟嗟真大愚。

身後古人死，名先古人沒。古人常苦勞，今人常苦逸。古人與今人，精氣詎不一。勞者反長存，逸者反先竭。揮手謝飛仙，已悟養生術。

簡園月下見殘菊一枝

一枝猶自映疏笆，為汝孤吟感歲華。多謝娟娟霜裏月，肯來荒逕照殘花。

再賦殘菊

落落意如傲，亭亭影太孤。一枝秋色冷，三徑草痕蕪。豈有長旛護，寧煩瘦石扶。梅花開太躁，重寫歲寒圖。

寄友

苕苕故人至，怦怦我心惡。昔悵見君疎，今悵見君數。別君業未進，虛言問寒燠。屈指十二辰，流光亦非速。苟克勤厥半，無事更秉燭。君亦自努力，時時來相勗。

人各有百年，勤惰修短分。悠悠度昏曉，殊覺眠食頻。督我有朝暉，儆我有夕曛。無為悵獨學，結念平生親。離居而同術，千里如比鄰。

崇百藥齋文集第二

定香集

題秦淮海祠

法曲平生奉瓣香，一尊惆悵酹斜陽。隨車可記春遊誤，解珮猶傳夜飲狂。無恙微雲橫翠岫，真看流水繞紅牆。歸心我亦如波急，早跨青鸞下大荒。

落花飛絮語酸辛，碧野朱橋感昔因。直遣春江都化淚，每逢斜月憶含顰。紅牙客漫誇三影，紈扇人思贖百身。一望黏天衰草色，縱無魂在也傷神。

詠秋桑和阮侍郎師元〔註1〕

〔註1〕阮元《揅經室集》四集詩卷三《秋桑》（中華書局 1993 年版，第 802 頁）：

　　　　吳興桑田之多，與稻相半。丁巳八月下旬，按部至此。西風落葉，騷騷然有深秋意矣。因成四律，以邀和者，且以此課郡中詩士。

扁舟衣袖乍驚寒，下若桑林綠意殘。初響天風知半落，未逢夜雪已先乾。樓前有日蒼涼出，陌上無箏錯雜彈。若使秋胡今駐馬，黃金原向絹機看。

西河古社重徘徊，木葉應知庾子才。淇水秋期貧婦怨，晉廷九月餓人來。採菱纖手空成妒，舞柘輕要不共迴。偏是吳儂感憔悴，十年牆下記親栽。

底須三宿問他鄉，誰向花前笑索郎。釀秫時光宜薄醉，調弦情緒動清商。但教天下輕綿暖，何惜林間墜葉涼。試種東坡三百尺，芟來終比暮春長。

漁陽八月已空枝，還是吳興霜露遲。飛鳥雨晴猶護羽，野蠶風定尚懸絲。遠揚試伐深秋後，光景能收落照時。料有苕溪老桑苧，垂虹秋色滿新詩。

按：陸繼輅《合肥學舍札記》卷一《秋桑詩》：「雲臺先生作《秋桑》七律四首，一時和者數百人。」徐世昌《晚晴簃詩匯》卷一百八十五《方芳佩》：（民國退

耕堂刻本）「阮文達作《秋桑》七律四首，和者數百人。」錢泳《履園叢話》
卷八：（清道光十八年述德堂刻本）「宮保嘗試湖州，賦《秋桑》詩，和者數十
家。」
錄數篇如下：

陳文述《頤道堂集》外集卷二《秋桑和阮雲臺師》：（清嘉慶十二年刻道光
增修本）
寒林葉葉響天風，秋在疎煙斷雨中。牆外空條仍嬝嬝，陌頭圓影尚童童。三更
涼夢迷吳苑，二月春遊憶鄴宮。獨有扶桑倚東海，一枝仙椹四時紅。
指點疎林陰綠潭，夕陽惆悵使君驂。書編淮海春非昔，圖展幽風景尚諳。憶我
曾經過陌上，有人對此話江南。莫教蟲蝕清陰減，留飼吳儂第八蠶。
春郊回首綠雲遮，蕭瑟江鄉感歲華。五畝新涼飛野雉，四衢殘照隱歸鴉。箏彈
秋水羅敷宅，琴譜西風漢相家。檢點寒袍感衣被，等閒壓盡洛陽花。
家家妝閣熨吳緜，憶到三春總惘然。繞屋清陰流曉露，連邨疎樹瘦寒煙。西河
舊夢紅蠶月，南陌新愁白雁天。寄語吳孃莫惆悵，鳩聲梯影約來年。
胡敬《崇雅堂詩鈔》卷二《秋桑奉和芸臺師韻》：（清道光二十六年刻本）
金風騷屑不勝寒，一夕桑陰綠半殘。樓起東南仍日照，塞回西北已河乾。葉疎
飛雉難藏羽，枝勁棲鳥好避彈。珍重功成衣被後，飄零休等散材看。
大寧坊內影徘徊，作表慚無李嶠才。採罷羅敷春老去，釀成陶令晚歸來。漫嫌
價比勞薪賤，容易光從若木迴。八百株還今在否，攀條曾記武侯栽。
麴塵微帶舊時黃，無復相逢陌上郎。已共枌榆成冷社，若為琴瑟應清商。田間
留陰三苗秀，牆下先回十畝涼。莫向虞淵悲暮景，年來弧矢志方長。
阿儺猶有日南枝，霜露炎方到獨遲。九月林間重結椹，八蠶秋後正繰絲。綢繆
牖戶懷陰雨，憔悴姬姜感昔時。比似挑桑風景異，好憑吳地補豳詩。
阮元《定香亭筆談》卷二《秋桑和作》（方芳佩）：（清嘉慶五年揚州阮氏
琅嬛仙館刻本）
閒閒十畝淡煙遮，寒日疎林噪晚鴉。葉落漁陽愁篳篥，枝空鄴院冷琵琶。陌頭
重訪人如夢，苕水初波客憶家。祗有珠江風景好，依然紅徧佛桑花。
雜樹丹黃隱四衢，仙山寒重說西虞。樓頭雪箔人今昔，海上冰絲事有無。偶檢
蠶書懷帝女，因吟樂府話羅敷。烽煙未靖征車老，閒卻成都八百株。
閒同女伴話前遊，無復唐梯與桂鉤。蓋影尚留天子氣，箏聲如訴美人愁。涼波
瑟瑟湖池曲，疎樹依依陌上樓。惆悵垂虹橋畔路，重來已是白蘋秋。
酒香時節晚陰寒，此際農家亦閉關。黃蝶飛來梯影寂，紅蠶夢斷翦刀閒。吟殘
柘館西風裏，畫向柴門夕照間。聞說使君詩第一，大裘心事似香山。
童槐《今白華堂詩錄》卷五《秋桑四首湖州試院作和芸臺師》：（清同治八
年童華刻本）
吳興清遠本宜秋，芰徧桑枝影尚稠。五畝小牆黃葉路，一林寒雨白蘋洲。乍完
野繭薪樗稅，漸急霜禽牖戶謀。儂對流黃機上月，絲絲不斷憶春愁。
垂虹秋色遍江鄉，萬樹荒煙百里塘。蠶月幾番梯影錯，鷗波無限櫓聲涼。鳴箏
落日憐寒女，把酒西風話索郎。怪底浮屠戒三宿，再來已覺戀空桑。
童童圓影失當頭，閒煞鄰家削桂鉤。柘館人稀吟絡緯，蓬門秋老感鶡鴠。蒼涼
夕景村前社，蕭瑟天風陌上樓。枉為空枝增悵結，吳綾衣被徧南州。
記詠秋胡日載陽，〔今春師按試吾郡，以凝古秋胡詩命題。〕綠雲低罨鄧西鄉。

獨客禁寒待寄衣，吳興秋色太離披。一林風冷初傾釀，幾葉春殘未化絲。秦女攜筐歸緩緩，陳王讀曲記枝枝。我來偏動流年感，小字空傳未嫁時。

秋閨閒掛桂枝鈎，日出東南不下樓。敗葉有時棲蛻蝶，空林無復聽鳴鳩。織成虛訂黃姑約，落盡非關青女收。何必陌頭衰柳色，短牆一步動離憂。

鬢影衣香似隔生，漁陽歌歇事頻更。乍抛春女悲秋淚，訝聽涼宵食葉聲。_{時侍郎以此題試士。}似爾飄零真不負，幾人刀尺未催成。為他八百孤寒望，早發春芽慰別情。

天風枯盡正愁予，且喜猶傳氾勝書。寒甚轉依斜照裏，感深尤在嫩涼初。相君老去思荒宅，處士秋來戀敝廬。衣被功成休更問，閒閒十畝未全墟。

蔣二徵尉有妹曰蘭年十三賦芭蕉甚工暇日出稿相示索題其後

曾聞芳樹比三珠，仲子清才愧不如。豈意蔣侯還有妹，十齡解誦大雷書。

不虛小字比蘭茝，七字吟蕉勝頌椒。正是客窗秋雨歇，又從紙上聽瀟瀟。

玉連環詞和阮侍郎

鳥是雙棲花並頭，依依客夢小勾留。何人琢取玲瓏佩，添得歡娛助得愁。

鈿分釵擘負初盟，枉向宏農錄小名。悟得情深常劫重，臂痕休更記前生。

愁聽尊前宛轉歌，由來難斷是情波。可憐一種連城璧，琢作簾鈎奈爾何。

秋梧歌和阮侍郎〔註2〕

西〔註3〕風飄落丹山巔，丹山么鳳愁不眠。華陽絲成元雨霽，吳宮花草生荒煙。

新看下箸霜華白，卻認東坡樹色黃。千戶侯門同冷煖，一時仙侶亦滄桑。〔時幕中諸君多有更替。〕朝來還聽靈聲健，殘葉驚飛上棘牆。

〔註2〕阮元《定香亭筆談》卷三《金井秋梧歌》：

老鳳夜啄青琅玕，露華飛溼金井闌。美人倚瑟愁不彈，碧紗如水生夜寒。夜寒缺月下金井，玉繩斜繞銀牀冷。井波無聲澀修綆，秋風搖動梧桐影。館娃酒醒扶頭歸，促坐繁箏燭十圍。卻下繡簾遮不住，棲鴉啼向隔林飛。按：此詩又見阮元《揅經室集》四集詩卷二。《定香亭筆談》次錄陸繼輅、蔣徵尉詩。蔣徵尉詩曰：

一丸素月流雲端，流雲碾出玻璃寒。美人清淚啼冰紈，風中片葉飛井欄。瑤琴欲彈殊未彈，銀牀玉甃無波瀾。忽然珠瀑成回湍，秋梧間作商音繁。此時涼露零未闌，似有雜珮鳴珊珊。戛然而止聞微欸，仙蟾下樹搖團團。玉階自起敲琅玕，纖纖修綆縆交韓。雙蛾蹙黛愁影單，秋心恍惚騎飛鸞。

〔註3〕「西」，《定香亭筆談》作「天」。

倚樹仙人仙夢短，明月飛來夜光滿。秋情一片入人間，古井無波那堪浣。清宵撫瑟喚柰何，眾靈雜沓湘妃過。霓裳小駐雲〔註4〕如羅，中郎中郎聽我歌。

鴛鴦湖和阮侍郎

東流宛轉接南流，何處波流可浣愁。惱殺宵來銀漢影，一灣界作兩邊秋。

別意湖波孰短長，迢迢平碧動秋光。此湖我願作春酒，鎔盡人間鐵石腸。

兒友行寄莊四綬甲

老親愛兒及兒友，兒不妄交懼辱母。兒友愛友先友親，能使母忘兒出門。兒欲作書謝，兒恐兒友瞋。足痛手自撫，感激何足論。兒行冬歸春出走，母若思兒視兒友。

雪後華郡丞瑞潢招飲湖上時僕將歸陽湖醉中輒記當日情事以誌別

秋楂飲我湖上樓，湖光如冰射兩眸。氣酣吹雪作流水，秀削露出寒山頭。我來錢唐歲五度，稍恨我來春已去。即今鄉思比湖深，為待冰花特延佇。王孫錢魯思。軒然訪戴來，客星如月清光開。湖神上天請玉戲，似向倦客誇璚玫。秋楂無官正多暇，清貧尚有北海杯。莊生醉眠欲化蝶，義門。何郎病瘦猶吟梅。夢華患瘧。詩情畫意約不得，春氣拂拂尊前迴。義門畫松，竹坪畫蘭，魯思作草書。王孫腕力推最健，使筆縱橫同使劍。釀花成蜜不見花，點畫無由辨羲獻。夕日欲落當奈何，歸途已恐醉尉訶。明年花發定相訪，急貯清酒如春波。

陳秀才文述示所賦春草詩〔註5〕題後

詞臣畫筆潘楊柳，經學閒情鮑夕陽。謂德園侍御以文明經。一例呼君作團扇，又傳清夢到池塘。

〔註4〕「雲」，《定香亭筆談》作「月」。

〔註5〕陳文述《頤道堂集》外集卷二《春草》：

幾回山雨沃靈根，一片萋萋直到門。紅豆空迷遊子夢，玉鈎誰弔美人魂。踏來屐齒春無蹟，望裏裙腰綠有痕。曾過當時送行處，祗應愁煞舊王孫。

似我新愁不可刪，一簾春雨六朝山。人歸南浦輕陰后，夢在西州夕照閒。芳徑印來羅襪軟，落英襯去舞茵閒。板橋香豔消沉盡，空對蘼蕪憶玉顏。

繡徧山程與水涯，黃宜鵝子翠宜鴉。南朝煙雨重三節，北里鶯花第五家。小院空階眠蛺蝶，荒陵古道鬧蝦蟆。銷魂最是横塘曲，回首春風冷琵琶。

家在江南水一方，空憐小謝賦池塘。採將芳杜情誰寄，佩到柔蘅影亦香。客路有人愁細雨，天涯何處不斜陽。玉關消息知何似，綠徧前朝舊戰場。

游仙曲寄阮侍郎

有美人兮愁春蘭，撫綠綺兮不成彈。蕭蕭修竹生暮寒，欲結飛珮尋名山。故人洪厓憐小謫，一片白雲忽相值。三山舊路吾能識，但乞靈銖作羽翼。束虹霓兮繫明星，三五二八花亭亭。手把芙蓉敂玉扃，群真窈窕趨前迎。璚尺仙人雙眼青，前導絳節乘雲軿。敕選香吏直通明，翩何來遲雲徑平。佩我五嶽之真形，授我秘笈之藏經。碧桃花開春霧暖，薄醉倚樹吹瑤笙。晨風忽墮綺窗夢，耳邊尚覺青鸞鳴。望昔遊兮碧城，憶故侶兮雙成。雲如幕兮英英，海瀉杯兮盈盈。羌獨處此幽默兮，意悵惘而淚零。鍊余心兮棲黃庭，隨夫君兮還玉京。

秦兵備瀛始建蘇文忠公祠於湖上索詩落之

十年青史誦遺文，失喜新祠映夕曛。終古隄名齊白傅，好留簾影祀朝雲。湖山此日仍高會，俎豆他時又使君。我是艤舟亭畔客，作詩一笑儻能聞。

瀕行秦兵備馳詩送別舟中卻寄〔註6〕

揮淚讀公詩，孤篷聽雨時。我寧關得失，天或怒狂癡。骨相依人拙，窮愁畏母知。終思報知己，不敢著書遲。

三楚行銷甲，群卿已論功。還期巡越使，急佩射潮弓。蜑艇搖澄碧，鯨波訝染紅。事權仍不屬，何計達宸聰。

贈吳大令堦

毘陵識君歲在午，君年三十我十五，君稱酒龍我詩虎。金陵交君歲在寅，我耽尋秋君訪春，君為千詩我百尊。九年蹤跡成於邑，花骨張郎竟長鬣。爾來幾度寄相思，故態狂奴總蕭颯。少年舊曲傳旗亭，君漸讀律吾治經。君今行往作仙吏，誰復知君不得意。西風七月吹清商，一栖相屬珍流光。絲絲簾影通荷香，碧瓜自擘紅霞槳。南鄰招蔣捷，承曾。北鄰揖丁儀。履恒。高吟明月竚空聽，坐久不見花枝移。花枝陰陰露華重，稍覺譚深薄寒中。此日愁心似水空，清宵各有游仙夢。

〔註6〕秦瀛《小峴山人詩集》卷十二《過陸祁生於蘇公祠時祁生將同稚存還里》：
　　年少能詩者，江東有陸雲。相逢孤嶺下，祠木帶斜曛。琴劍無知己，湖山失故群。謂錢魯思。飄零仍不遇，感激向蒼雯。
　　後日又當去，他鄉伴未希。太湖三萬頃，一櫂返荊扉。種蛤尋荒畝，撈蝦釣幾漁。樵吾輩事，望爾且高飛。

立秋日同婦曉起

殘月如煙戀綺櫳，涼宵清夢太恩恩。捲簾不見秋消息，一朵白荷明曉風。

寄遠

行雲思故岑，落葉戀舊林。束髮遇君子，兩心同一心。兩心非一心，不如沙上禽。朝飛一相失，暮宿還相尋。遺我古宮鏡，報君孤桐琴。輕塵污琴絃，拂拭君悉深。竊復視君鏡，淚下沾衣襟。復君光明質，聽我瑤華音。

蓮葉何田田，鑑貌本不任。竊聞古宮鏡，鑑貌不鑑心。丈夫重聲華，賤妾悲錦衾。不道妾言直，但覺妾言侵。非君異今昔，悔妾怨望深。

夷光泛五湖，豔色生譏彈。農家有好女，十指勤朝餐。懷炭常苦熱，飲冰常苦寒。君心豈無權，冷暖亦有端。怨君得君怒，妾心良自安。終思葆容光，從子乘飛鸞。

賦秋海棠次錢三丈韻

簾波秋夢捲天涯，庭院蕭條日易斜。一種禁寒好顏色，可憐錯認作春花。

玉樓涼透八銖衣，補屋牽蘿鎮掩扉。猶恐前身情劫重，盡教風雨減環肥。

曉煙殘月太冥濛，狼籍深紅間淺紅。欲與枯荷訴憔悴，橫塘吹斷藕花風。

忘憂躑忿已全刪，好語無憑淚欲潸。為是斷腸偏護惜，一秋香夢近眉山。

莫訝芳根植太低，人間何限憶雲泥。斷魂一夜無招處，化作秋蟲徹曉啼。

西風幾日葬幽姿，紅淚傷心寫折枝。說與孤飛秋燕子，此花哀豔勝將離。

經旬絲雨濕洛紋，漫說人間重夕曛。已是悲秋消未得，傷春可奈又逢君。

呈曾都轉 燠

斯文在天壤，風會有主持。東南諒才藪，異說猶紛馳。始由樂真率，繼轉矜恢奇。侏儒足破顏，聞韶孰忘疲。峩峩曾夫子，卓建大將旗。登壇意慷慨，復古任弗疑。我亦有志士，從公乞偏裨。

才難聖所歎，聚散豈無時。達官便頤指，貞士羞摧眉。氣機苟不感，判若雲與泥。冥冥趙州土，曠世猶致思。徒聞喜豪舉，自亦非人師。惟公崇令德，折節交布衣。能使鄉曲儒，見公忘巍巍。良璞有未剖，拂拭生光輝。由來知己恩，足發虞翻悲。

度遼重逢披，談士輕封侯。是其相需意，寧止聲華求。頻年動遠想，見月思揚州。夕夢登雲山，曉夢上文游。樓臺亦何有，斯人自千秋。

選錄李協律詩題後並序

世傳李賀以父諱不舉進士，今讀賀詩，而知賀之託為此言也。夫客帳有封侯之夢，春歸有乘傳之思，是以南風吹山，酌酒而澆趙土；寒月入戶，看劍而弔荊卿。自非隱淪，詎甘濩落。非徒歲華易逝，惜朔客之蘭纓；良會乍闌，念張郎之長鬣。然而瀟湘前度，哲后信讒；風月清宵，傾城見妒。捼古證今，或則棄如斷梗。甚者誤觸網絲，二十男兒從可知矣。嗟乎！仰屋沉吟，花蟲空蠹；彈琴靜好，古壁凝塵。桐風摧壯士之心，蓮葉下小姑之淚。又奚俟露如啼眼，雨冷香魂，而後哭遼海之西風，碧土中之恨血也哉？至如老夫采玉，巫女揮絃，比興尚存，離憂未歇。是知流連光景，無當於性情；感憤詼嘲，必衷於風雅。蕭艾稍除，椒蘭益馨。因錄其文，輒原其志。吟聲激楚，應聞天上之瓊樓；熱淚瀾汍，我亦人間之秋士。

一代論文士，郎君最少年。賈生虛涕淚，子晉愧神仙。阿母憐吟苦，嬴僮識主賢。錦囊餘碧血，知否為重編。

贈蕭校書時余復有錢唐之行

忽漫相逢黯別魂，暫停征棹引離尊。鐙前細看青衫袖，認得杭州舊酒痕。
跌宕從教話俊遊，牽雲曳雪少句留。無端今夜琵琶語，蕩起征人十斛愁。
玉暖偏愁易化煙，杜門工病已年年。桃花本是傷春影，開傍頹垣更可憐。
意態渾忘妒眼驚，撩人蘭氣太分明。一梧和淚恩恩飲，醉倒牆東阮步兵。
女伴傳聞抱阿侯，氄氄夫壻鎮無愁。簾前剩有銜泥燕，盡耐春寒遲玉鉤。
二分明月隔江看，夢裏簫聲聽易闌。莫向尊前訴漂泊，有人風雪又衝寒。

二月十五夜寄婦

春夢太迢迢，春情委寂寥。可能今夜月，忘卻百花朝。

花神廟

東風幾日吹平碧，春草春萍橫一色。儵出桃花照眼明，紅霞碎翦天應惜。霞光

墮水嬌不飛，照水忽見珍禽棲。一女憑樓楚腰細，雙姝對鏡煙鬟齊。指保俶塔及兩峯。隄上香車行緩緩，柳絲較比流蘇短。都向花神廟裏來，盈盈似訴天厓遠。何限人間兒女情，無言那識神腸斷。我亦焚香前致詞，願不飛花月長滿。飛花偏傍客衣多，如此春光奈別何。日莫湖心亭上望，一湖煙月動愁波。

湖心亭看雨

十萬鮫人望鄉泣，淚痕齊灑東風急。波光明似水晶盤，盤中瑟瑟珍珠圓。兩峰相望各愁絕，化作青氣飄成團。如此天厓容小住，只恐孤亭亦飛去。卻倚危闌招水仙，一杯為我紅顏駐。春雨春晴總斷魂，平湖何處覓春痕。客窗自有關情夢，水漲溪橋綠到門。

司農來為阮撫部元

司農來，司農不來。司農方佐天子用人理財，司農安得來？一解。司農來，騶從不聞聲。一舟泊河干，父老爭前迎。何用識司農，但當問諸生。諸生頓首，再拜別公。積年公亦相慰勞，益復工為文，司農不來公何人。二解。司農來，司農信來急走告。語歡如雷，勿歡如雷。司農方佐天子用人理財，暫遣問汝疾苦，行且北歸。三解。司農來，士得師，民得怙。恃官薄賦斂，盜賊知恥。詔授司農，巡撫浙江都御史。公自戀闕，民自喜中。一吳民，歡不止，恨與司農生同里。四解。

答蔣二嗣曾次來韻

水漲牽浮萍，庭春茁芳草。二者豈足愛，刪除轉生擾。養心先遣愁，如藥但治表。急攻守益堅，不速遇更巧。何如且聽之，相依矢永好。吾言得三昧，君聽應絕倒。若為亂絲斬，恐類揠苗槁。

愁既不可遣，恨亦安得除。茫茫眺平原，戚戚戀微軀。秦皇及漢武，坐是招怪迂。不聞出緄蝶，回視悲蠶枯。正此一息存，惆悵生憂愉。臨川念逝者，在陳歎歸歟。千古慟哭聲，不始王伯輿。

簡張處士詡

不聽張郎三影詞，曉風殘月最相思。湖頭一夜花如雪，應有愁痕上鬢絲。

雲棲

微雨忽復歇，嫩涼隱叢筱。春衫化綠雲，擁我上林杪。西陵幾蘭若，雲棲最深

奆。寺僧戒律嚴，形容半枯槁。謝供伊蒲饌，餐此山翠飽。心香繞蓮座，膜拜通默禱。偏親六十餘，蔬布奉三寶。有子不侍親，饑驅出懷抱。佛心念苦節，賜親以壽考。脈脈鄉思深，凝眸送歸鳥。

姚大椿蜀游詩卷題後

待月憑闌聽雨眠，舊來說劍已無篇。似聞諸葛真名士，果比長沙更少年。俊賞一春看綠鬢，狂遊三度上青天。無端獨立蒼茫意，又觸君詩到酒邊。

讀律

作文勿逞才，讀律勿引例。拉雜摧燒之，庸才亦良吏。

催科

催科沿陋習，縣官利贏餘。撫字果心勤，彼民亦樂輸。嗟哉大杖下，日夕聞號呼。欲識官心腸，但看民肌膚。

湖上醉歌

湖波雖廣，不如細流。兩峰雖高，不如一丘。夷光雖美，不如鍾情。傳食雖逸，不如躬耕。

離家

離家甫五旬，移居已三度。漫說有方遊，知兒在何處。

柳花

裙腰一道束斜暉，四面山如步障圍。闌住春光歸不得，濛濛化作柳花飛。

香塵寂寂碧波空，清絕南屏向晚鐘。誰識斜陽芳草岼，一雙人立柳花中。

久雨乍晴屈指十日內可抵家矣喜而有作

兼旬苦雨滯春寒，忽見斜陽一倚闌。預報姮娥知客喜，初三月色到家看。

看盡濃粧淡抹無，卅年風景記模糊。老親笑檢兒行篋，且喜詩篇似畫圖。

飛花落絮太恩恩，九十春光過客中。但有歸期渾不晚，一簾同坐鼠姑風。

曳雪牽雲亦可憐，歸心無奈夕陽邊。此情畧比春光好，不遣相思到隔年。

哀師索抱語牙牙，可解迎門喚阿爺。料得相看顏色好，一春類面是桃花。

三十二圖歌贈姚大樁

詩人前身是古佛三十二相，風輪摩盪不能威。諸天妙香擁護入人間，一一大放光明如滿月。蓮花為下裳，柳枝為上衣。佩明星兮束虹霓，朝採扶容於太華，莫餐積雪於峨眉。孤猿卻步而顧影，野鵲斂翅而迴飛。翩何珊珊入雲去，山鬼窈窕詫絕，不敢相扶持。下視秦松漢柏，搖盪若芳草，雨露不施顏色好。此時歎息知天高，明月依然玉盤小。長風西來，浩然思歸。黃河九折，海水一桮。遇靈妃兮湘浦，訪玉女兮天台。忽蒼茫兮獨立，歌人間之可哀。我時方把洪厓袂，小飲天漿未成醉。一聲玉笛山骨驚，衣上濛濛飛濕翠。見君頗覺氣格奇，誰識君來自天外。讀畫看山鄉思遲，屬君珍重畫中姿。重逢又別渾無那，淚滿天涯紅豆枝。

別靈鷲

山好思依佛，泉清欲化魚。待君飛去後，吾亦返吾廬。此約何時踐，塵緣未可除。白猿知客意，遠送一程餘。

製紈扇寄婦題二小詩

白團扇，皎皎勝明月。但學明月圓，不隨明月缺。

白團扇，年年惜別離。秋風非夏雪，小別不多時。

有贈

綠雲初覆額，紅豆乍迴眸。一月有殊色，萬花生莫愁。河清看具齒，秋遠倚瓊樓。便恐乘風去，將行為小留。

哭燿連

吾行負神明，璚花一夕傾。挑鐙疑夢影，觸耳訝啼聲。魂小行猶怯，墳孤臥易驚。傷心拋不得，重向掌中擎。

點漆猶微露，凝脂已漸冰。呼名仍一應，食米未三升。兒生之夕，太夫人夢一老僧乞米三升。含淚別王母，投懷憶老僧。一棺如紙薄，送汝葬秋塍。

學使者試隗囂宮盌歌

玉璽摧殘赤眉起，金鳧飛出人間矣。真人白水提劍來，斷戈折子紛塵埃。公孫子陽井蛙耳，埽蕩群雄自隗始。咄哉一盌尚瓦全，黝然古色凝蒼煙。卻憶秦關

稱四塞，顧盼居然誇玉食。北寺於今秋草荒，故宮鏡作青燐色。柏梁灰飛銅雀傾，尊前懷古不勝情。興亡獨有金仙覺，清淚如鉛別渭城。

萬大令承紀請纓圖

是何少年蹈且舞，生王之頭繫以組。殿前爭識棄繻生，二十男兒好眉嫵。時清不復徵邊才，如生幾輩埋蒿萊。洪都有客感年少，玉頰冰瓏寫生貌。秦中餘盜猶縱橫，生也若在當西行。圖生之人亦生伍，向者攜圖入三楚。或傳深莽方伏戎，中丞度香先生。矍鑠手拓弓。君言請毋以兵擊，輕騎宵行罪人得。軍門朝懸十四頭，闔廬有淚不敢流。是皆渠魁一領萬，十四萬人驅敢戰。一時膽落潛歸耕，十四萬輩皆蒼生。乃知請纓即此意，多殺寧惟道家忌。書生不望畫雲臺，百里重煩雛鳳來。我亦閉門過弱冠，披圖未惜玉山頹。

趙忠毅鐵如意歌為萬十一大令作

運斤如風至尊喜，委鬼從旁捉刀起。上方有劍霜華明，日飲碧血頑無情。尚書錚錚好頭頸，荷戈僅作邊關行。敲缺唾壺歌伏櫪，老淚空沾鐵衣赤。鬱鬱孤臣萬里心，化作金精欲誰擊。靈芝一朵正不偏，銘詞小篆銀絲填。陰書太歲在壬戌，知是天啟之二年。閒齋歌舞助清興，公為此器亦偶然。豈知千佛經潛錄，鐵網如雲不堪觸。轉眼銅仙別渭城，何人攜向西臺哭。夜闌擊節招公魂，鐵色黯慘寒爇昏。男兒處已寧剛折，司農之笏真千鈞。鐵乎酹汝一杯酒，世事由來居八九。借汝嘉名媚上公，鏤金刻玉今何有。使君勁骨夗所欽，得主足慰尚書心。東方遺研落何所，諒亦寶貴逾珍琳。為君作歌結君佩，王氏珊瑚那足碎。

自江寧赴揚州舟中作

澆愁除借月為柈，一歲辭家定幾回。柔櫓自搖殘夢去，歸心恰趁莫潮迴。孤篷飽聽瀟瀟雨，繡轂看馳隱隱雷。酒俠詩狂都減盡，休傳名士過江來。

生小明珠掌上看，頻年翻仗婦承歡。倚閭鬒有清霜影，補屋蘿生翠袖寒。預計歸期儲藥裹，難將離緒隱眉端。何時真得躬耕去，介母梁妻勸一餐。

珍重清宵聽小詞，雨聲月色總相思。謂里中諸子。可堪獨雁衝寒去，誰與雙螯共酒持。寂寞秋齋人病後，莊徵右師病瘍甫瘉。蕭條絕塞客還時。洪稚存丈奉旨釋戍，計日抵里。征帆也怪非歸路，似向斜陽作意遲。

寄耀遹荊州

故園梅始放，別汝又殘秋。身賤輕危地，家貧逼遠遊。蒼黃風鶴警，辛苦稻粱謀。積雨催寒急，何時寄敝裘。

歸舟寄題襟館

比屋高吟卻笐絃，官齋清絕最魂牽。士歸知己如流水，月照空江起積煙。敧枕自分鷗夢穩，掛帆未讓馬蹄先。從公定博慈顏喜，不為泥金一囅然。

復往揚州舟中賦殘月

殘月非新月，窮愁況別愁。寂寥棲遠樹，瘦損過清秋。我亦憐狂滅，君應見淚流。遙遙鐙火影，今夜泊瓜州。

曾都轉西溪漁隱卷子

先生昔作西溪遊，蒹葭深處橫扁舟。空山斜日一惆悵，不覺遙情結溪上。別來選夢雲水鄉，萬斛波光遠相餉。釣絲嫋嫋吹春晴，宴坐仿髴聞溪聲。此中夙契寫不得，但見滿堂山翠濕。年時我狎溪邊鷗，見公敢復誇溪流。東南民力恃保護，何止八百孤寒愁。煙月迢迢竹西路，荷花芍藥留公住。尊前急為卷橫圖，似恐西溪奪公去，結廬待老溪頭樹。

無錫華司馬_冠乾隆中以畫供奉內廷後官粵東數年即移疾歸家貧復為諸侯賓客與余相遇邗上賦詩贈之

樗散居然物外身，一尊為說上林春。人間信有嵇康嬾，世上無如曹霸貧。弓墮鼎湖雲路迥，衣仍官錦淚痕新。相逢愧我非佳士，未敢勞君亦寫真。

送陳學博_燮之官徐州即題其簪花夜酌畫冊

才名早識陳驚座，今日相逢鬢未殘。樂府新聲三婦豔，_{君攜三姬人。}畫圖清景一旄寒。故人幾輩登華省，詞客中年愛冷官。遲我渡河邀痛飲，黃樓無恙月如丸。

喜洪丈_{亮吉}奉赦歸里即題其機聲鐙影舊卷

鐙影渾如夢，機聲不可尋。終天孤子恨，萬里逐臣心。葵藿全微命，松楸見舊陰。生還非意想，一日一沾襟。

乘風懷玉宇，高迥不勝情。身是君恩賜，名由母教成。由來珍晚節，何以報餘生。慎重遺經在，重挑舊短檠。

黃五庶常郁章北行志別

對影霜華重，憑闌月色孤。歸心潮共急，客興酒難扶。顧我鄉愁亂，憐君征路紆。惟應留後憶，此意未全辜。

崇百藥齋文集第三

邗上題襟集

車中賦殘夢

長宵鄉夢亂，卻坐曉寒生。澹月垂簾影，殘鐙放翦聲。乍驚成蕩漾，未憶忽分明。愁絕雙輪轉，禁霜又獨行。

車中賦殘月

簾波闌柱總牽情，馬滑霜濃又一程。獨客酒醒疎柳岸，瑣窗夢破曉鶯聲。盡留顏色歡猶晚，看到團圓我已驚。腸斷天厓回首望，強扶瘦影照孤行。

趙北口

征塵到此竟全消，采采波光極望遙。便擬水程通一葦，江南咫尺送歸橈。

暗裏春光我自知，依樓楊柳最相思。誰憐趙北燕南路，和雨和煙見一枝。

小游仙

生小蓬萊作散仙，因依阿母護芳年。天孫離別姮娥寡，得箇人憐便可憐。

碧桃花落覺春闌，小步瑤階試薄紈。誤跨青鸞天上去，日輪嫌熱月輪寒。

擲罷丹砂又散花，盡容兒戲遣年華。無端徵織璿宮錦，一晌含嚬上玉車。

瑤池曲曲繞西那，羅襪無塵步碧波。一渡銀河便愁絕，裙裾牽惹亂雲多。

—35—

雲衣洗桐卷子

西那之都金母居，童男卯女當階趨。埽花仙史年尤少，顧影亭亭矜玉貌。一種閒情遣最難，吟成獨對雲牋笑。豈知一夢遠於煙，手把扶容下九天。舊侶恩恩拋不得，玉簫猶記枕函邊。南華老子憐塵謫，綺語知郎除未得。責洗高梧三百株，豔思應化秋雲碧。秋雲擁月蕩離愁，錦瑟華年似水流。珍重人天情一縷，瑤池相見一迴眸。

抵家贈婦

歸來又見月如絃，幾度清輝照不眠。果識相思了無益，未應瘦損似前年。

送趙舍人懷玉同知青州

朝官乞郡太紛紛，消盡冰山始到君。如畫岱宗看未了，幾人遙望出山雲。行處紗籠感舊游，一泓海水望中收。使君雅稱春衫色，青絕齊煙是此州。

敬觀周端孝先生血疏貼黃書後並序

> 凡一百四十四字。請誅倪文煥、毛一鷺，書成以示姚文毅。文毅讀至「鼎湖勸進」語，顧謂端孝此四字宜易。然舌血可復繼邪？端孝又刺指血書之。疏上，如所請。此其未易本。

毀魏上公擊汝齒，文煥語。殺人媚人有如此。熱血一噀忠介死，忠介不死猶有子。與仇戴天孝子恥，引刀刺舌血不止。一書再書疏始成，舌血不足繼以指。想見濡豪運捥時，凜凜忠魂立而視。旦日驚傳得俞旨，未伏冥誅宜棄市。一鷺先死君不見，孔父前亡宋公繼，魯史先書殺君字。賊臣專殺已無君，斷獄春秋有成例。熹宗壽終屬天幸，白刃幾加好頭頸。使果乘喪定逆謀，文煥勸忠賢定大計，崔呈秀以時未可阻之。害百信王如斷梗。今皇先帝臣先臣，一疏三仇報俄頃。我來展閱淚沾臆，血蹟殷紅燈焰碧。壽世何須託金石，形骸可腐血不蝕。來禽快雪縱尚存，故紙千年死灰色。

文文肅殿試卷書後

圖籍前朝半劫灰，一編珍重護風雷。披猖國事從何挽，溫飽科名亦可哀。謂周延儒、魏藻德等。季世得人酬養士，清流轉眼盡群才。即今誰灑長沙淚，定向光天作雨來。

琵琶行並序

嘉慶丁巳，薄遊杭州，蔣刺史重耀方官錢塘令，嘗招飲，聽屠氏
女彈琵琶，悲壯幽咽，極盡其致。越四年，吳下盛傳四絃第一手，
萬十一大令邀諸名士賦詩。試訪之，則屠氏女也。悵然感舊，亦成
一章，繼諸君子之後。

廉山示我琵琶行，耳邊三日時作琵琶聲。豈惟琵琶如有聲，恍睹低鬟斂笑玉腕
揮縱橫。潯陽一曲傳千古，膝上檀槽化黃土。人天寂寂柰愁何，從此朱絃不能
語。我昔江湖載酒行，玉簫自作蒼龍鳴。忽逢妙手傷淪落，為感新詩動別情。
杭州刺史宵張讌，卻甲聲中淚如霰。兒女樽前易斷腸，英雄死後開生面。酒酣
重奏月兒高，萬里秋空氣沁寥。落葉禁風吹瑟瑟，孤鴻求侶去迢迢。簾波不動
燭光直，嫋嫋鑪香一絲碧。定有星辰繫滿身，輕麾翠袖飛如織。不然玉杵碎冰
輪，化作明珠滿空擊。牽雲曳雪少勾留，只有此聲忘未得，吳中絕伎定何如。
試訪枇杷花下居，門外斑騅梁上燕，相逢不覺便相呼。卻聽舊曲增悲吒，珍重
連城好聲價。子晉吹笙未得仙，胡姬壓酒猶遲嫁。仙吏頻年玉尺量，品題端合
喚花王。江州司馬真堪笑，祇辦青衫淚數行。

自吳門赴杭州舟中寄婦

一片清光俯窺客，知是姑蘇臺上月。扁舟催我去江南，薄醉何由永今夕。京華
春雨最無聊，獨夜秋魂又黯銷。無計可償離別苦，潘郎三十鬢先彫。

彭城君生日嘉禾道中寄

一種離情更可憐，強書吉語祝長年。人間只有元池好，修到雙棲便得仙。
官奴生小劇嬌癡，知否朝來勸一卮。女伴莫誇夫婿好，十年贏得是相思。
吳門十日雨瀟瀟，且喜晴光破寂寥。若卜金錢問行客，扁舟剛過畫眉橋。
玉貌應披一品衣，鏡中愧負出塵姿。年來翠袖禁寒慣，祇願浮生少別離。

蕭山王徐兩節母詩為汪大令輝祖作

寒機無聲涕如雨，往事傷心不堪數。三尺孤兒一尺書，明月應知兩心苦。兩心
一心金石堅，讀勤母喜倦母憐。兒或捨書嬉，母怒呼來前。手中夏楚不忍下，
兒投母懷含淚謝。一兒兩母共一燈，坐盡人間最長夜。孤兒學成母血枯，先後
棄兒歸其居。朔風動林木，昔昔聞啼烏。烏啼勿悲楚，孝子壽親以千古。烏乎

孝子聽我詩，此境只有孤兒知。

別從子耀遹

膠漆匪不固，會作秋蓬飛。男兒困貧賤，骨肉長遠離。去年別我雲溪渡，霜月微茫鬱煙霧。留連無益姑徐徐，一慟棲烏起無數。衰顏姑婦同倚閭，合浦忽返雙明珠。浮瓜雪藕遣長夏，人世豈復知榮枯。秋風一夜催刀尺，不覺驚心看四壁。一種因依膝下身，十年憔悴霜中翼。垂髫空詠白華篇，二頃猶虛陽羨田。不見鄰家白頭媼，呼兒舂稻婦裝棉。

別包十五世臣

夜永爵無算，譚深劒有聲。共愁燕市雨，未洗蜀中兵。草莽憂天下，江湖此後生。知君數行淚，不為別離傾。

初度述懷

門左懸弧事漸訛，潘郎三十奈愁何。雲中雞犬成仙早，世外溪山入夢多。豔思難消花作骨，清吟長對月如波。依稀一片香光影，不信華年爾許過。

綵筆當筵賦玉簫，梨渦旁暈不勝嬌。墨翻素手香初浣，賤印紅脂豔未銷。四面鶯花圍畫舫，一湖鷗鷺識蘭橈。軍門夜半催歸騎，小隊燈光過段橋。

鶴易離巢雁失群，江湖愁殺杜司勛。歸帆細雨潮三折，客館清簫月二分。一代仙才成小聚，殘年鄉思入斜曛。梅花未放人先去，別酒恩恩只半醺。

十三橋畔草如茵，便算燕南二月春。獨上荒臺悲馬骨，最銷奇氣是車塵。暗中徧索飛花句，眾裏爭看下第身。此日倚閭添白髮，泥金望罷望歸輪。

將雛紫燕惜分飛，尉藉翻教意慘悽。夫壻漫誇傾一座，神仙可羨是雙棲。黃茆屋小連雞柵，白草霜乾聽馬蹄。卻話徵塗憐瘦損，燈前不覺翠鬟低。

一笑相逢舊酒徒，玉山任倒不須扶。身原吳市吹簫客，家有邠風介壽圖。偶得新詩招阿買，自書奇字教官奴。此生若許閒中老，未悔年時領略麤。

鸞飄鳳泊總堪哀，健步無由寄遠梅。安得長纓馳絕塞，空留一劒引深梧。天寒裘敝歸何暮，草長鶯飛別幾回。惆悵秦關烽未息，眼中閒殺出群才。

風雪關河鍊羽翰，慈闈尚作掌珠看。無成未覺兒年長，多病曾流老淚乾。密密親縫衣上線，漪漪為惜夢中蘭。朝來百感渾難遣，強笑堂前勸一餐。

歲暮避債吳門舟次先簡唐大令仲冕

今夕何夕心徘徊，歲云暮矣胡不歸，若有所期殊未來。篷窗時覺寒風窺，寒風
為我邀寒月，黯黯金波半邊缺。可憐又照一年終，願抱清光入寥澗。蘇臺此夜
客星明，酒淺愁深夢未成。卻羨胎禽棲最穩，梅花四面護修翎。謂縣齋所蓄鶴事，
見曾都轉《邗上題襟集》。

小除前一日萬十一招飲醉中作

碧雲向晚消無質，一十五更一年畢。主人壽客計絕奇，盡列華燈續寒日。酒波
搖綠燈搖紅，豔影都作金芙蓉。霜風祇隔簾一重，簾內百斛春光濃。卻憶姮娥
太岑寂，故放歌聲入空碧。喚醒寒簧啟玉扃，乞借今宵作元夕。花枝微傭夜未
央，醉中作書報魯陽。君能揮戈我秉燭，流光與君誰短長。

庭院

庭院悄悄日欲斜，春纖支損鬢邊雅。偶聞燕語開簾押，閒看蟲絲墮帳紗。淺碧
屢寒新煮茗，嫣紅忘檢隔宵花。無聊情緒何因識，昨夢分明聽玉釵。

酬別伍堯學士法式善

昔夢詩龕久，相逢悵別筵。離歌榮上第，奇字蓄三年。誰索飛花句，虛成春草
篇。歸心波共急，欲去轉留連。

哭張編修惠言

憶昔逢君日，相期第一流。贈言猶滿篋，別恨未經秋。余以四月杪出都別君，甫五十
日。眾女空明鏡，歸魂少故丘。浮雲西北望，寥落不勝愁。

置子愁無地，傷心欲問天。生虛期稷嵩，死定薄神仙。絕業自千古，清時失此
賢。斷紅相識久，腸斷柳花篇。「只斷紅相識夕陽邊」，君賦柳絮詞句也。

歸夫人蘭皋覓句圖代彭城君題

湘水吟魂招不得，化作崇蘭如草碧。蘭心一寸抱幽素，未許春風見顏色。畢竟
芬芳不自持，空山已有露華知。美人香草原同恨，珍重相逢欲放時。此時蘭氣
吹春暖，蘭心卻對眉痕展。翻嫌詩思太冥濛，只共花香飄近遠。盡日看花盡日
吟，如花標格惜花心。卻憐隱谷開何莫，愁絕秋窗罷鼓琴。

湯處士咸紀夢圖

湯生夢遊山，忽與巨鬼搏。鬼輒敗人意，厥罪固宜縛。書生劍術疎，兩敗墮深壑。若非兜羅援，幾飽老拳惡。湯生夢醒手自捫，上人道我甘露門。惜哉夢中不遇我，定截鬼首持還君。孱僧何物敢市恩，安知此鬼非其群。湯生湯生慎勿面壁減遊興，且復與君海上看朝暾。<small>時同客上海。</small>

聽經生彈琴風雷引

經生抱琴至，明月正中庭。急雨忽飄竹，秋風吹亂熒。候潮江上艇，繫馬路旁亭。觸我天涯夢，蕭寥不可聽。

待月詞為李兵備<small>廷敬</small>作

新詞捷比催花鼓，一曲纔終月華吐。月華此夕為公來，卻令座客分餘輝。豈惟座客分餘輝，坐使大地清光開。清光如波瀉空久，寒簧不寒弄珠走。知公豪興殊未闌，小佇霓裳看行酒。斯時想見部中民，十萬深桴齊在手。朝來佳話爭傳語，不信潛輝為公舉，君不見五日一風十日雨。

寄張太守<small>敦仁</small>

平生結友半江右，握手爭言張太守。太守無所能，訟庭草色搖春晴。太守無所好，座有詞客兼經生。典衣沽酒桮常盈，大譚雜坐圍長檠。袖中一詩誰所呈，<small>君從廉山處見余詩。</small>高唱同作蒼龍聲。別喚鐵笛橫秋清，和我此歌吹月明。月明迢迢隔千里，不覺聞言已心死。西望雲山意無已，忽傳太守旌麾徙。失君何悲得君喜，翩然一帆渡江水。江水先知太守賢，沙岸閒鷗眠未起。我時正作長安遊，黃沙如山冰滿裘。樂生同車復同臥，<small>蓮裳。</small>相對思君擁鑪坐。衡文有約懲浮誇，絕豔驚才合遭唾。兩生被放百不憂，飲醑鞭馬過蘆溝。一生看月留揚州，<small>蓮裳尚在題襟館。</small>一生獨泛吳淞舟。備兵使者青蓮儔，<small>味莊先生。</small>一醉已作三旬留。聞君銀章兩懸肘，<small>時兼知松江。</small>來謁長官因訪友。旁人頗訝交易深，誰識相知兩心久。南園水石堪登臨，館君於此供幽尋。髯仙醇酒攜山陰，<small>穀人祭酒先寓園中。</small>急開春甕邀同斟。夜涼水氣明疎林，林際漸有晨飛禽。酒痕狼籍霑羅襟，醉倒便與分秋衾。蹴我牀頭更譚易，我醉猶能詆王弼。髯仙倚樹亦不眠，卻認朝暾是殘月。朝來別緒殊恩恩，牙旗獵獵吹天風。<small>君留二日即有巡海之行。</small>如君題糕登九峰，定有二客來相從。<small>兼指蓮裳。</small>

五哀詩並序

　　年來遭師友之戚，屢欲有所譔次，以述悲悼。南北奔走，輒復無閒。秋日客黃浦，孤館客散，一燈熒然，追思往事，忽忽淚下。嗟乎！上愧端木築室之誼，次慚巨卿素車之臨。酒鑪如故，竹林之遊難再；宿草不哭，玉樹之恨何窮。聊志深痛，各為一詩，目曰五哀，以先後為次。

廣州通判屠君諱紳

心期鬱鬱向誰陳，論定斯人我最真。遊戲文章都奧衍，猖狂意氣是酸辛。憐才熱淚傾如水，垂老柔鄉葬此身。卻悔臨歧殊草草，危言含意未全伸。

副榜貢生同歲生錢君諱瀛斯

春明苦雨正相思，一別寧知隔世期。入洛士衡真恨早，傳書公雅定誰遺。君無子。交深兩代同蘭譜，君祖文敏公與先君子同鄉舉。愁絕重陽罷菊巵。去年九日赴至。寡鵠更憐吾自出，君婦湯氏守志，余姊女也。難憑嬌女慰長離。

宛平縣學生同門生徐君諱世栩

懊恨窮愁迫歲除，生還死別痛何如。君以小除日抵家，未能即視君病。改歲數日，君已長逝。正驚病骨猶行路，強繫殘魂為倚閭。寶劍我慚前度諾，名山誰訂未成書。傷心西蠡河邊路，芳草無情綠似初。

兵部左侍郎座主陳公諱萬全

獨拜牀頭淚暗傾，喁喁喘語聽分明。三天侍學常扶病，兩載中樞正議兵。望斷鄉音歸路遠，典餘長物一船輕。而今回憶成腸斷，猶見絺帷照短檠。

庶吉士同歲生金君諱式玉

轉為登科恨不禁，一燈雙照別愁深。君約下第後同歸。青樽顧曲溫如玉，花雨填詞韻入琴。對影難銷才子氣，畫眉姤盡美人心。從教此去多仙侶，定把扶容淚滿襟。

記虎丘與汪二全德別即寄

畫船燈火橫麴房，綺窗窅窕明釵光。歌長漏緩樂未央，兩生話別蘇臺旁。酒闌一慟破空碧，萬竹千絲一時寂。秋煙一珠亦蕩搖，野鵲忽起盤青霄。月涼酒醒帆如駛，卻聽奚奴說如此。蘇臺行樂經千春，中有一雙相思人。相思已覺天涯好，幾輩紅顏不能保。人生但苦離別多，那惜熱淚流成河。

喜孫二原湘至上海四月杪同出都門余由水程南下

蹇驢瘦影太伶俜，可奈歸帆處處停。下第空教傳萬口，到家剛得拜雙星。白門夢比春雲遠，黃浦潮連秋雨腥。舊恨新愁譚未已，比肩人亦背燈聽。是日安之、佩珊夫婦招飲。

寄婦

離家五百里，帀月無音書。秋燈聽雨坐，百感紛愁余。正月偕計吏，衝寒即長涂。五月出都門，舟行苦盤紆。阻風復待閘，氣鬱安得舒。水蒸腐肝肺，日炎焦肌膚。始知七尺帆，不如一疲驢。如何行役苦，徒聞歎馳驅。

吾廬蔭古樹，望樹色然喜。候門一長鬚，見我笑不已。向我說平安，口應足已徙。登堂拜母前，慈體定何似。母言我無恙，憐汝困行李。腕瘦顏色蒼，摩挲淚難止。

君時侍母側，悲喜難具陳。呼婢急辦飯，割肉烹銀鱗。歡然食已飽，閒話及比鄰。辭母趨入室，握手問苦辛。大女依我立，中女視我頻。小女方學語，妭姝如含瞋。團圞樂莫樂，几榻皆可親。功名異顯晦，行誼自有真。從今誓相守，珍此剡下身。

三日眉不顰，十日髮不櫛。離別常苦悲，歡聚那生疾。風吹藥爐煙，情緒轉蕭瑟。病似留人住，饑復驅我出。君言已向瘳，無為意拂鬱。恩恩一帆張，含愁對圓月。

自我來黃浦，兩度看哉生。主人敬愛客，高會當秋清。十日九日醉，可奈一夕醒。風鈴間蟲語，碎此徑寸心。正月即長涂，五月還出京。七月抵鄉里，笑語含離聲。茲行諒非遠，所恨足未停。

生男固可喜，生女亦足娛。朝來鶬鵲鳴，私語聞奚奴。家書計將達，門前已懸弧。徘徊姑俟之，不覺日又晡。一刻轉一念，心似盤中珠。由來出門苦，還坐一長籲。

孫二原湘詩來再用腥字韻輒復效尤題其近稿四首

天驚石破雨冥冥，山鬼窺窗那敢聽。可惜詩人空俠骨，十年劍氣不曾腥。

喚作相思合淚零，珠囊解贈語丁寧。分明一口心頭唾，細嚼紅霞未覺腥。謂卷中詠紅豆詞事。

偶向孤墳奠綠醑,虞姬哀怨比湘靈。萋萋荒草燐燐火,一陣風吹戰甲腥。卷中弔項王詩尤工。

誰泣殘紅紙上聽,疎簾雨氣逼燈青。王郎他日緣情死,卷中落花詩附王仲瞿元作。化作千年碧血腥。

友人芙蓉士女卷子

美人一笑千黃金,黃金買笑不買心。妾顏如花心如石,妾不改心須改色。芙蓉花冷搖煙潯,待君不來秋已深。

李兵備橫琴小影

萬籟忽已寂,琴調露正零。更無元鶴侍,祗有白雲聽。石翠飄滿袖,竹陰流一庭。仙心澄止水,朗照月華青。

送李兵備入覲

公從翰林初出守,佛面仙髯識公久。袁絲為賦賢大夫,謂子才丈。八百孤寒盡回首。慈雲可望不可攀,非公拒客我閉關。年來漸識行路苦,憔顇知非舊羽翰。春城況是飛花賤,抱玉歸來淚如線。茂林秋雨感公憐,手捲珠簾招倦燕。說餅新成待月詞,題糕近接觀潮宴。虛白堂前竹韻清,日長無事聞調笙。給札唯呼寫書吏,入幕編集高材生。就中我辱青眼最,一往粗疎恃公愛。謝庭絃管許同聽,鄴架圖書教滿載。狂奴故態不自禁,往往高譚發殘醉。公行述職朝帝京,我亦念母心迴縈。借酒與公別,笑語含離聲。江南比年歲屢登,大吏廉惠民安平。他州豈免有鴻雁,布澤待作句宣行。識公何遲別何遽,送公望斷江干樹。願公此去共春回,莫被他州奪公去。

滬城雜別

倦鶴窺簾客未回,醉歸除是曉鐘催。連宵飽飫先生饌,問字何曾載酒來。謂穀人祭酒,時寓李氏園。

紅闌曲曲映波光,認得蓮華趙氏莊。溪鳥雙眠荷並蒂,聯吟人坐水中央。謂李安之、歸佩珊夫婦。

風流太守舊歐陽,客裏相逢興更狂。借得園林秋太冷,一行紅袖出迴廊。古華太守招飲朱綬園、瞿冶亭家,並有水石之勝。

花慵月冷盡徘徊，午夜軍門幾度開。知我不須街卒報，阿菱扶路醉人回。

見說琴心浸太清，七絃以外盡淫聲。能憐狂客攢眉飲，深感江州送別情。謂喬鷗村司馬。

一月鴻泥思不禁，翻教別緒亂歸心。桃花潭水汪倫意，至竟相看孰淺深。謂幕府諸君。

十一月四日吳門舟次寄祝大百十是日為君四十生辰

憶我初識君，太歲在己酉。美人方滿堂，趨前握君手。欲留無可語，欲去不能行。徘徊復徘徊，相對雙矑清。歸來轉輾思君久，望見朝暉出門走。誰言兩心非一心，中途正值君招尋。如珀拾芥磁引鍼，日又一日知逾深。遊魚戀同源，未若比目親。飛鳥依同林，未若比翼真。爾時憂患百無有，君年三九我二九。不求紫芝大如蓋，不願黃金重懸肘。但願車輪生隔舟楫朽，我得與君永相守。豈知十年來，聚散難具陳，千行淚濕青衫痕。君不見饑來驅君君弗動，陋巷蕭條樂屢空。我行負米雖有程，往往低頭雜雞鳳。迢迢逝水無迴波，髮自欲白如卿何。各安所安是所是，三十四十從蹉跎。請為君歌聽無苦，我期壽君以千古。莫似相逢年少時，同功互縛春蠶絲。春蠶絲，斷還續。製作鴛鴦絃，不彈箜篌曲。舟行非遲客心速，醉魂飛度君山麓。三十三峰月波綠，遲我玉梅花下屋。

題吳同年嵩梁秋懷詩後即送歸東鄉

縱筆足千古，新來況苦吟。才華歸道氣，病味永秋心。客路憐君遠，交情向別深。夜闌重展卷，邀月聽遺音。

盆松和曾都轉〔註1〕

咄嗟几席間，蓄此虬龍姿。得毋後凋質，亦畏霜雪欺。局促聊自保，大廈將安支。

〔註1〕劉嗣綰《尚絅堂集》卷三十三有《答蓮裳喜芙初祁生至》（《續修四庫全書》第1485冊，第259頁）：「悲歡無限憶清遊，並作風前燭淚流。病樹辭秋號曠野，寒雲向晚戀高樓。年光老大都堪笑，酒債尋常不易酬。後夜送君知更苦，蘆花吹雪滿扁舟。」此後有數詩與此集可為參證，錄如下。
盆松（第259頁）：
長松嚴壑姿，蜿蜒蟠地岫。束身就盆盎，遠勢忽近蓄。托根雖有幸，垂蔭苦未足。但能逃剪伐，終得勵盤錯。孤直乃寸心，所遭任曲直。嗟嗟歲寒質，寧羨厥土沃。部婁非所期，荒榛滿山麓。

瓶花和曾都轉〔註2〕

繁英易為好，慎選久不決。為君辭本根，但愁勺水竭。榮落曾有時，先瘁寧所恤。

送秋和樂三鈞

秋亦拋人去，淒清坐曉寒。流年真草草，前路益漫漫。衰草日光薄，空林鶴夢寬。簾波從委地，幾度怯憑闌。

空汝催刀尺，衣裳未剪裁。冷吟耽小病，生意託深梧。風色晚逾緊，雲容凍欲頹。牆根見殘菊，孤影自低徊。

庭院寂如許，寥天月又新。寒蟲猶咽露，落葉半添薪。何計遣長夜，無聊喚小春。早梅休破萼，愁絕未歸人。

顏魯公名印興化令顏君所藏

丹篆黯生光，傳觀尚激昂。大名輝典冊，小印壓珪璋。狀貌思何晚，艱危事可傷。宮中歌得寶，閫外寵頒璜。讖果金刀應，文憐玉琯長。虎符資跋扈，鳳輦去倉皇。折角危秦璽，長生毀漢當。銅仙餘涕淚，鈴語劇淒涼。零落王孫玦，拋殘內侍璫。中原亂鼙鼓，幾輩縚龜章。獨汝隨行篋，偕公歷戰場。哀詞鈐祭姪，飛檄倡勤王。面矢爭悲奮，靴刀並慨慷。義聲兄弟繼，遺器子孫藏。不共孤城碎，真同百鍊剛。由來家訓好，珍重補琳琅。

送樂三歸臨川〔註3〕

同折青門柳，恩恩指鬢華。如何當晚歲，猶是未還家。風色欺殘醉，鄉心警暮鴉。客行無近遠，憐我亦天涯。

〔註2〕瓶花（第259～260頁）：
　　孤花破岑寂，掩映辭林皋。瓶水足清供，遂分雨露膏。先期慰零落，攀折良已勞。枝低豈不惜，矜此標格高。亦知根蒂空，生意猶動搖。所恐一勺水，復與堅冰遭。垂簾護餘芳，風日方蕭騷。

〔註3〕送蓮裳歸臨川（第260頁）：
　　記折春明柳，青青感故袍。可憐時晼晚，都覺鬢蕭疏。殘燭依人盡，寒星背屋高。留君江館夕，枕上已風濤。
　　各抱窮交感，殘年起歔嗟。有書兒廢讀，無米母持家。塵海蹤都遍，名山願枉賒。相思心一寸，風雪此天涯。
　　身世都歧路，風光判別筵。客懷如我晚，歸計讓君先。野燒連長夜，邊烽入去年。一聲橫竹裂，愁絕倚江天。

一種孤寒淚，紛紛到酒邊。歲荒愁婦米，春近感親年。聚日歡情少，歸塗別夢便。君歸道出常州，約同行，未果。萍蹤鎮漂泊，難得是離筵。

君行吾意慰，且復永今宵。殘月人扶病，孤心燭易焦。遠歸仍戴笠，生計託吹簫。記取休高詠，寒江有怒潮。

謝皋羽晞髮集書後〔註4〕

文山傳附十九人，怪哉乃獨無謝君。君名不藉史臣記，國破何心說忠義。高歌擊碎竹如意，自洩胸中不平氣。江潮驚迴客星避，一慟哀聲滿天地。君不見鄧光薦。傳雖闕宋濂。文補，況有遺編足千古。朱鳥不來奈何許，曠世猶揮淚如雨。

送喻庶常鴻歸南城

燭上離筵淚易傾，客中送別不勝情。因君更憶黃江夏，賈生。謫宦恩恩萬里行。

天涯其奈別愁何，江右詩人識最多。謂藕船、香海、蘭雪、蓮裳、廉山、賈生、輯園諸子。便擬匡山結茅屋，一尊邀聽楚狂歌。

峭帆況是過江船，欲報歸期又黯然。君道出常州，有拜母之約。但乞致聲荒徑月，今年留取一回圓。

示劉大嗣綰時題襟主人有海州之行石琴厚庵蘭雪蓮裳蘭池漸磐先後旋里〔註5〕

斜日禁寒似月明，官齋寂寞到吟聲。鶴如扶病伶俜立，詩不驚人黯淡成。對榻互聞殘醉醒，倚欄各自亂愁生。誰知風雪江干路，尚有劉郎共曉行。

〔註4〕讀謝皋羽晞髮集（第260頁）：
汐社何天地，西臺自古今。遺文見晞髮，曠代一沾襟。慘澹痕銷墨，蕭騷字戛金。燕歌分變徵，楚些嗣哀音。鬼唱蒼涼極，神絃拉離禁。才真昌穀亞，痛比首陽深。正氣衝霄上，孤魂到海陰。江山朱鳥咮，風雨黑龍吟。幕府隨煙散，神州竟陸沉。流離三寸硯，破碎一囊琹。竹石猶傳響，冬青未死心。夜牕愁擁鼻，霜月下空林。
按：當時劉嗣綰、陸繼輅等聚於曾燠處，故曾燠《賞雨茅屋詩集》卷六有《題晞髮集後》（《清代詩文集彙編》第456冊，第140頁）：
天心哭不轉，故人哭不返。千秋慟哭聲，嗚咽在殘簡。殘簡傳世非其心，當時寫哀聯寄音。胥種神靈尚愁聽，海潮不過桐江滸。
〔註5〕答祁生見韻韻（第260頁）：
萬瓦霜花入夜明，一繩南雁過江聲。話當離索聽來好，書為窮愁著未成。殘燭影搖唫客倦，破牕風逼酒人生。陸郎可有班雎在，待爾沖寒策蹇行。

郭舍人同年塈示王晉卿觀榜圖戲題〔註6〕

我別春明日，喧闃正此時。三年殘夢影，一夕故鄉思。溫飽從人羨，悲歡各自持。畫師真冷眼，偏與析毫釐。

袁節母竹柏樓詩為令子廷壽作〔註7〕

我交袁君遲，拜母惜未及。導我至一樓，指示為我泣。樓前竹柏風淒淒，燈檠在窗塵滿機。母昔課兒不下梯，兒令痛母局雙扉。雙扉勿局願君啟，聞君讀書母應喜。

饑來驅兒出門去，誤欲登樓淚如注。昔兒下樓母不娛，兒今不歸誰倚閭。昔兒讀倦母淚濡，兒今貧賣樓中書。君雖苦貧慎毋恚，結客傾家母心慰。

孤兒亦有三間屋，母抱遺書課兒讀。北風吹燈青一粟，女嬰欲眠坐旁哭。孤兒九歲畢九經，孤兒三十猶無成。君不見天寒歲莫長作客，有母何曾在母側。

論詩二首示劉大〔註8〕

丈夫重立身，詩文固末技。苟復探其源，亦自懲忿始。毀能令公怒，譽必令公喜。人操喜怒權，我受毀譽使。長言發詠歎，豈緣徇名起。萬古滔滔來，虛氣

〔註6〕戲題王晉卿榜圖（第260頁）：
傳遍泥金一幅箋，春來日日馬蹄顛。圖中幾個搥揄手，看足人間七百年。
紛紛觸熱上長安，濕笑乾啼侭意看。終被寫圖人一哭，可憐羅隱與方干。
另外，金學蓮《三李堂集》卷七《王晉卿觀榜圖〔壬戌〕》（《清代詩文集彙編》第508冊，第200頁）：
觀榜情懷似隔生，最模糊處卻分明。科名得失書生事，可怕紅閨問一聲？
〔註7〕袁節母竹柏樓居圖為又愷作（第260～261頁）：
袁家兒，抱圖哭。竹柏樓，風滿屋。竹有節，柏有心。母課兒，樓之陰。兒讀書，母勤績。讀輟聲，聞太息。兒倦讀，母則思。兒讀成，母不知。母有兒，兒無母。母已矣，見疾首。昔兒讀，不下樓。今饑驅，背母遊。昔兒讀，書充棟。今賣書，母心慟。母勿慟，當諒之。哭抱圖，袁家兒。
〔註8〕復答祁生論詩（第260～261頁）：
讀詩胸無詩，慧照乃不隔。作詩胸有詩，心聲自區畫。情文互激發，煙墨始驅役。遙遙聯古歡，落落創今獲。詩品二十四，意到出標格。如何守家術，坐使康莊塞。華嵩壤積九，河海川納百。披沙終得金，攻玉或賴石。但須具鑪錘，安用枉繩尺。千變入孤行，一真袪眾惑。近代多濫觴，往往乘典則。矯之或失當，質勝復偏側。詩城無雄師，樹幟各衝突。尊時厭郊島，避俗陋元白。家家互相雠，遂失詩主客。以茲中人心，貽害致堅僻。比興無近辭，風騷有專責。跨氣苟未平，繁音亦徒迫。形神貴交融，性道期大適。誰能懲膏肓，所恃見肝膈。答詩請質君，予將退而默。

有時止。

殊方斯異音，適口有獨旨。文心矧百變，各各成厥是。陋儒思立名，始輒恣訶
詆。及觀所歡賞，大率與己似。相需在聲華，歲寒詎可恃。每聞標榜交，中道
按劍起。

論交一首示劉大〔註9〕

孤懷鬱不紓，何為閉幽寂。抱此求友心，未覺處世仄。軒然入塵海，意氣頗雄
直。持論豈必當，豁達無所飾。庶幾全吾真，不忍託淵默。區區定誰察，杳杳
固莫測。小心事友生，悲哉淚沾臆。

劉大詩集題後

一語魂銷絕，沉沉萬古愁。出塵唯有夢，住世只宜秋。長夜寂如許，高寒澹不
收。孤心知易感，吹入月波流。

定香亭筆譚題後即寄阮撫部

夜來夢喚湖濱渡，舉手先招沙上鷺。波光草色碧連天，迷卻西泠過橋路。凌晨
讀公新著書，一簾夢影來徐徐。寒空積雪壓雲背，墮地忽作千芙蕖。芙蕖花開
今五度，狼籍紅香委風露。花前昔日幾少年，心情半似花堪憐。張郎遠宦蔣生
病，苦說離居減豪興。血淚驚看遊子衣，窮愁竟短文人命。死生離合劇關心，
一日清霜滿青鏡。闌干曲曲記經行，煙月何曾管送迎。獨把一編當話舊，可憐
鴻爪太分明。

管仲姬畫蘇若蘭象題襟館所藏〔註10〕

〔註 9〕論交答祁生（第 260 頁）：
　　　結交交不難，全交交不易。古人交有功，出門得深契。嵇呂非世情，張雷特矜氣。
　　　族類感或殊，質性偏即弊。和平恃源往，汎愛各有濟。適中定從違，太激出趨避。
　　　毀物求吾全，所得不償棄。一益招百損，毋乃亂其例。譬如匠入林，尋尺視天地。
　　　因材致攻錯，樗散亦獲利。人心本太和，所貴互調劑。相持失厥平，往往取盩戾。
　　　朋黨君子成，勢及小人比。成敗置後圖，異同激初議。詐或秦憂泣，怒必趙女詈。
　　　禍變寖萬端，所積在微細。丈夫志四方，誰能卻交際。狥世交固濫，憤世交亦蔽。
　　　人生重倫常，缺一五者廢。三復谷風篇，余懷感興替。
〔註10〕管仲姬畫蘇若蘭像〔後小楷書回文詩〕（第 261 頁）：
　　　璇璣圖，往而復，不繡弓衣詩，但織回文軸。回文字字連環尋，管姬妙手蘇娘
　　　心。釵光釧影一飛動，鬢髿蘭氣題羅襟。容顏千載難消得，鏡裏相思卷中織。

長生有藥不醫妒，白刃如霜鏡中露。迴文直是續離騷，獨以芬芳冀君悟。琅玕綺食鴛鴦衾，蛾眉謠諑傷妾心。長門一賦擅哀怨，此錦何止千黃金。鷗波重寫迴文字，見說王孫方奉使。自跋如此。自臨秋水證前身，偶貌幽姿寄離思。閨夢曾經鼙鼓驚，杭州咫尺接吳興。新詞傳遍王清惠，遺像飄殘謝道清。雙棲此日情何似，玩妻竟誤王孫死。人生有戀總堪悲，一片柔情扶不起。手卷橫圖喚奈何，佳人未愧竇連波。只憐澤畔孤臣淚，輸與機中思婦多。

夜坐懷蔡七儀部_{鑾揚}

一夢應生十日涼，故鄉煙水見微茫。冷官倦索長安米，歸計全虛下箸桑。細數酒徒成落葉，幾揮別淚餞斜陽。無端幻出相思影，仿髴吹笙月淡黃。儀部詞中語。

別鶴詞

寒林無風氣蕭索，日日園亭訪孤鶴。鶴習客語知客心，間發清唳酬哀吟。哀吟對鶴共頹仰，鶴視高天動遐想。客夢作鶴與鶴飛，一雙瘦影相因依。鶴夢先醒鶴無侶，客若不來鶴延貯。苔牆七尺竹十竿，客行別鶴勸鶴餐。鶴兮慎勿羨客去，煙水茫茫不知處。

病鸛和金十學蓮

小立斜陽瘦影孤，襤褸病翮不堪扶。肯浮春浪同鷗夢，偶趁天風讓雁奴。返哺未歸愁欲雪，舊巢半毀奈將。雛哀音急羽知無限，一一何因問菀枯。

寄胡處士量並序

　　或傳眉峰棄家為僧，賓谷先生聞而悲之，首為一詩，題襟諸子相繼有作。芙初至，始知告者過也。蓋眉峰既困甚，屬喪子，益不自聊，有沈冥之思。余識眉峰晚，然熟聞其人，自守奇士，而所遭如此，謂非儒冠之誤耶？猶不忍畔去。眉峰不為僧，乃愈可悲矣。
　　前詩余未及作，茲別寄一首，仍請都轉及諸君同之。眉峰，量字也。
英雄惜放廢，悲憤託仙佛。束髮讀儒書，鏗鏗守師說。鼎鑊且弗悔，飢寒詎能奪。修身必獲報，此理有時屈。夷跖天道違，往事固所悉。始願絕幾幸，變計肯倉卒。天施我斯受，天勞我則逸。期君益自堅，歧路慎勿軼。

鷗波亭外淚盈盈，都作人間錦江色。零落王孫不自持，回文心苦阿誰知。披圖中有千秋恨，鄭重連波悔過時。

江都詩人朱老匏墓並序

　　墓久廢，近有人市石其處。見題字，知為老匏墓碣。問所自，
蹤跡得之，聞於官，乞禁採樵，如柳下壠。余聞有重老匏詩者貽老
匏千金，弗能卻，受置所臥草具下。老匏死，所親發草得之，為營
葬具。嘗論獨行之士如原思諸賢，樂貧賤，惡富貴，以是為學，非
有所不得已也。觀於老匏益信。劉子嗣綰〔註11〕、金子學蓮〔註12〕
既各為詩弔之，余亦藉以申余之舊說云爾。

矯情非所希，辭粟近立異。孰知至清骨，厥性有專嗜。非惡列駟喧，致此亦易
易。陋哉石季倫，詎足語高誼。我聞墓中人，千金十年置。忍饑耽苦吟，往往
發幽思。遺詩惜未見，佚事可風世。皎皎月二分，照此墓門地。

望雪

凍雲壓茅簷，窺雪苦無隙。頗疑雪已降，片片墮雲脊。老農為我言，蝗飛蔽天
黑。雪花不到地，遺孽又蕃息。東南民氣靜，所恃鮮菜色。實乏終歲儲，足供

〔註11〕劉嗣綰《尚絅堂集》卷三十三《江都詩人朱老匏墓》（第262頁）：
　　　　老匏，康熙間人，工詩。貧甚，無家室。時有僧重老匏，投以千金，置草具下。
　　　　歿後發草得之。其高致如此。墓在上方寺東北，歲久毀墓碣作橋石，近有人經
　　　　其地，購巨石易之。越日，復從土人詢得其墓所在，以酒肴設祭。余為賦詩。
　　　　冷落詩魂近百年，石橋西畔羃寒煙。樵歸不記殘碑碣，鬼唱重逢舊墓田。死後
　　　　瓊花天亦老，遺來金穴佛應憐。楓根薄祭無他物，還向先生借斷編。
〔註12〕金學蓮《三李堂集》卷六《江都詩人朱老匏墓》（《清代詩文集彙編》第508冊，
　　　　第199頁）：
　　　　　　墓在上方寺東北。歲久墓平，墓碣移作橋石。壬戌冬，許君之翰、袁君承
　　　　福過橋，見石字隱隱可數，識江都詩人朱老匏之墓九字，旁有宋公學激詩，遂
　　　　購石易之。越日，復從土人詢得其墓所在，乃歸碣於墓而設祭焉。
　　　　黯黯天涯最可憐，離離荒草滿風煙。竹籃佳句多三百，〔老匏生前凌晨出坐村
　　　　店，嘗攜竹籃，中置筆硯索句，今存三百餘首。〕破屋遺金尚一千。〔老匏曾
　　　　遇一方外，賞其奇氣，出千金為贈。臨終始屬其甥，指臥榻下，得金如數。〕
　　　　貧老到來詩活命，親朋盡處墓為田。傷心只有橋頭石，一掃青苔淚湧泉。
　　　　　　另外，袁行雲《清人詩集敘錄》卷十七著錄《臥秋草堂詩鈔》一卷（文化
　　　　藝術出版社1994年版，第597頁），稱：
　　　　　　朱晃撰。晃號老匏，江蘇江都人。布衣。……汪玄為刻詩一卷。阮元《淮
　　　　海英靈集》、王豫《江蘇詩徵》載選詩。嘉慶間，郡人更新其墓，葉舟以詩弔
　　　　之云：「莽莽荒原生野煙，橋邊識碣總前緣。披荊尋入亂墳裏，把酒放歌斜照
　　　　前。七字幾枯殘淚洒，一杯翻仗故人憐。招魂此地餘詩骨，瑟縮寒風吹紙錢。」
　　　　〔見《石林草堂詩存》。〕嚴廷中《說文堂詩集》亦有《朱老匏先生墓碣詩》
　　　　三首。……

安坐食。豐稔胡可常，徒知倖恩澤。一朝迫飢寒，苟活寧有策。頻年足霖雨，過慮竭涓滴。布濩果不敷，空復荷矜惜。孰知至仁愛，早已代籌畫。司云爾何神，忍阻上帝德。吾欲呼雷霆，一擊十重塉。否即祈風師，吹散了無跡。風雷若罔聞，雲氣厚逾積。寂寂行空庭，寒芒入遙夕。

奉答曾都轉海州見寄之作次來韻〔註13〕

小隔渾河阻寄書，詩來先慰客情孤。吟聲淒寂梅魂覺，夜氣清寥鶴夢無。未免歸心愁雨雪，閒思往事話江湖。謂芙初。相從亦憶西溪好，家世煙波舊釣徒。

調金十次韻

卻立遲幽尋，迴身月半陰。釵聲鬆霧鬢，蘭氣暖秋心。綺夢經時誤，輕魂一晌禁。還因呼小玉，惘惘聽餘音。

次韻答王明經崇熙海州見寄之作即以誌別

衝寒一雁渡洪河，自翦熒燈對衍波。花裏情懷君漸減，前贈君詩有「蘇臺綺夢」之句。天涯風雪我分多。頻番別語拳拳記，似此華年寂寂過。空說消愁韓筆好，送窮無地欲如何。

〔註13〕 曾燠《賞雨茅屋詩集》卷六《海州寄石琴芙初厚菴蘭池手山祁生》（《清代詩文集彙編》第456冊，第140～141頁）：
寄與題襟館裏書，主人不在容愁孤。梅因索笑開花未，鶴為悲吟得病無。海上荒田猶荷雪，秋閒積潦半成湖。可知拙宦詩情減，輸汝銷寒舊酒徒。
另外，劉嗣綰《尚絅堂集》卷三十三《答賓谷丈海州見寄》（第262頁）：
荒箠誰陳汲黯書，偏城斗大海天孤。幾村臘鼓方高下，萬竈晨炊定有無。關塞傳烽頻入夢，樓臺欲雪半臨湖。登高灑盡寒空淚，零落高陽舊酒徒。
又，金學蓮《三李堂集》卷七《奉訓賓谷先生海州見寄之作次元韻》（《清代詩文集彙編》第508冊，第201頁）：
隔月離情此次書，衙齋清覺使君孤。三場歎戶頻年有，萬竈饑民一個無。雨雪上天祈父老，塵氛特地滿江湖。生涯自是垂竿樂，臏得西溪有釣徒。
《再次韻時先生尚在海州未返也》：
茫茫架上即文書，宦海奔波興已孤。民事憂貧王事亟，詩家謀醉酒家無。黃麞血灑雷塘路，紅鯉風高覽虷湖。民吏自知膏澤遍，莫將地利問司徒。

崇百藥齋文集第四

滬瀆集

友人華山夜月圖

山翠撲人如亂葉，一寸濃霜壓圓笠。馬蹄碎踏玻璃聲，不知已入雲中行。遙天一月雲與平，衫袖錯落星辰明。峩峩豸冠西望久，玉匣真圖未全朽。倚醉題詩報王母，夢跨山君月旁走。

誰遣

誰遣風吹夢影來，未分明處暫徘徊。二分可是能圓月，一寸重然既死灰。斷飲心情知夜永，易凋顏色怨春催。碧城此去寒應減，看取南枝後放梅。

萱草篇

奕奕萱草，翠葐金英。何以報君，祝君壽長。奕奕萱草，則百之休。何以報君，共君忘憂。花何為而蠲忿兮，藥胡為而療愁。嗟形骸之判隔兮，逾關河之阻修。喜椒蘭之壹氣兮，指桂柏而為心。苟芬芳之不衰兮，羌異苔而同岑。果松石之可化兮，終託根於珠林。
亂曰：翳虛願兮何時，望碧雲兮來遲。金鬢之蕊兮紫芝，庶加餐兮慰我思。

萬十一護花幡樂府

燕宛從消錦瑟絃，晶簾不枕道書眠。崔郎可也無聊甚，願作鴛鴦又羨仙。

蹙損紅巾入夢遲，封姨恩重兩心知。明年東苑春依舊，愁殺桃枝更柳枝。

擬乞司香願太賒，此生無分餌丹砂。惟應化作芊芊草，綠徧天涯儗落花。

吳門曲為萬十一作

柔桑徧南陌，盡日聞啼鳩。吳門有好女，日出不下樓。自言年十五，未識桂枝勾。十一弄長笛，十二彈箜篌。十三啟朱唇，一曲雙縑酬。雙縑知不惜，八口矜良謀。強顏為君歡，背燭掩妾羞。詎識姹女錢，悲與嬰兒侔。頻年既溫飽，稍欲託褰修。賤妾念恩知，父母貪營求。一朝逐鴉飛，清淚無停流。使君宰吳門，寧復聽此不。生女禁學伎，德重逾山丘。使君發長歎，聽樂生煩憂。作俑伊何人，比屋聞清謳。紅顏諒多誤，慧業當自尤。十女活百人，禁止非嘉猷。耕織素弗習，飢寒定誰收。易俗自有本，望古心悠悠。

悼花詞

芳草天涯綠未齊，春眠不奈曉鴉啼。何人手挾黃金彈，卻打林花一院飛。

照水幽情本易傷，一枝低亞傍頹牆。誰憐玉砌雕闌夢，不放春愁到夕陽。

絮跡萍蹤盡可憐，雕陰深鎖一溪煙。桃花幾日成前度，錯遣崔郎憶去年。

萬十一之官丹徒過訪荒園小飲為別

捧檄信可喜，得官翻自憐。神仙成小謫，辛苦惜華年。吹笛梅邊月，迴燈水上絃。還攜滬城酒，一為勸離筵。時余歸自上海。

復之上海寄萬十一丹徒

君為折腰吏，我作負米行。所求亦區區，遂使離別輕。方資保障力，愧負文字名。奈各與性違，紆鬱難為情。別路信非遠，便恐艱合併。人事既牽率，懷抱何由傾。唯期風雨夕，耿耿通精誠。紅顏有時衰，保此雙矑清。

古意寄汪別駕初

相逢忽如夢，趨前握君手。似覺紅顏衰，始悟離別久。

春夢綠陰陰，煙波聞素琴。自憐清影獨，誰汝作知音。

隄柳最堪憐，垂垂拂比肩。分明曾倚樹，近在斷橋邊。

贈何徵士琪

定香亭畔影橋西，百徧聞吟卻聘詩。謂芸臺中丞。語在《定香亭筆譚》。兒輩寧知飲酒樂，故人恰誤入朝遲。老來腰腳尋花健，畫裏鬚眉戴笠宜。衰衰諸公吾盡識，野雲親見出山時。

家中丞錫熊畫像為公子慶循作

披圖不覺淚汎瀾，百感縱橫入夜闌。阿父譚經兒侍立，廿年此景夢中看。

熒燈分半照寒機，愁絕燈昏對泣時。一樣授經渾不似，阿耶歡喜阿孃悲。

自題洞庭緣曲並呈李兵備

畫諾纔完日未偏，白雲如鏡照華筵。春鶯小部傳呼急，唱我黃河遠上篇。

醉牽歌袖醒先忘，卻聽人傳小杜狂。說與使君渾不覺，玉山筵上任頹唐。

百意憐才諱客癡，一燈選夢製新詞。少年枉自誇仙骨，愁絕文簫證道時。

親量玉尺贈明璫，水府能容詞客狂。欲酹一杯和淚酒，煙波夢影太微茫。

重翻舊曲觸閒愁，向譜《秣陵秋》曲，兵備命家伶習之。同把清尊話昔遊。恨我識公遲十載，一簾秋影獨登樓。

豪絲激竹動春潮，樂府新傳海上謠。海上謠，兵備所作。我亦歌聲出金石，尊前吹裂小紅簫。

送李兵備入覲

從公未一年，再作送別詩。敢怨公去早，但恐公歸遲。待治有緩急，布德非恩私。江南民氣樂，久荷皇天慈。邊烽甫寧息，凝望膏澤施。以茲測天視，公去當量移。依劉雖至誠，借寇難為辭。此意我獨覺，忍使父老知。

臣心抱冰雪，六月忘炎蒸。以公戀闕意，鑒我臨岐情。亦非細人愛，為公勞此行。長涂三千里，歷歷皆所經。身雖不侍公，關心數郵程。傳聞泰山北，旱象比已成。願公所過處，甘雨隨車傾。區區離別感，欲訴仍吞聲。

九月九日阻風崑山寄李兵備

客行不控揚州鶴，掛席乘潮北風作。焦仙知我與公期，更展靈旗助磅礴。梁溪溪水橫羅襟，浩蕩已入成連琴。龍宮百怪走相語，來日聽我登高吟。羅浮有約偏難到，快意幾人歸逆料。封姨似欲躁心平，拂袖迴雲顧余笑。當窗隄草寒萋

萋，一林亂葉飛向西。篙師縱橫臥船尾，獨看落日浮圖低。玉峰咫尺如招手，偏與孤篷說重九。知公念我亦損歡，海水搖空倚闌久。君不見蛾眉從古佳期誤，痛飲狂歌亦遭妒。明年行策六鼇來，卻與陽侯話前度。

獨客

寧知玉峰頂，獨客此登高。一塔如瘦筍，萬松生暮濤。留髡未成醉，謂忍齋。訪戴復徒勞。謂傳永。欲速定不達，迎風首重搔。

萬刺史丈廷蘭林下二髯圖

一髯手擊竹如意，八十未消湖海氣。一髯把卷神愔愔，即之若遠窺逾深。空山石滑路盤屈，兩翁蕭然出林樾，使我疑仙復疑佛。君不見焦仙招我不敢登，公笑授我天台藤。八月中，偕公及賓谷先生、借庵上人、魯思、獻之、子厚、元淑遊焦山，余至焦仙洞即止。

感事

浮蛟千里捲潮來，秋月孤懸望海臺。失水尚容伸腳臥，反風又復戴頭回。書生恨少焚曹炬，上將如銜入蔡枚。且喜養威全大體，不教小丑識卿材。

引鳳曲

胎禽背滑渾難控，片雲忽墮娟娟鳳。未辨蜂雄蛺蝶雌，桐陰如幄圍幽夢。卅六鴛鴦妒羽毛，更防草綠雉媒驕。豈知同是南枝鳥，不用西飛怨伯勞。年年海燕憐幽獨，求鳳未是新翻麴。王母呼龍種玉芝，月涼露重愁仙蝠。湘簾無計卷橫波，一種因依奈爾何。只有曝衣樓畔鵲，送將佳會過銀河。

新寒

強飲不成歡，悽悽坐夜闌。敝裘拋未著，聊與共新寒。

喜樂三至

迎君握君手，問君那得來。君來休便去，孤影鎮徘徊。

寄扇詞為改山人琦作

寄郎白紈扇，手畫雙鴛鴦。絹素有新故，錦翼不分張。妾心似扇驚秋早，未信郎心不如鳥。明鏡團團如扇小，遲郎歸看鴛鴦稿。

接日飲許經歷家醉中作

愛客誰如許丁卯,客至先愁客歸早。未知曉日隔重幃,卻訝清霜警棲鳥。黃郎一飲醉一旬,醉夢飄落黃山雲。黃山芳草連天碧,望眼不見江南春。東風昨夜吹教醒,月照寒香如有影。櫻桃芍藥矜豔陽,玉蕊瑤華自孤迥。西池桃片鋪成茵,我亦低頭拜月尊。一珠入網群龍泣,七尺珊瑚摧作薪。牽雲曳雪愁無奈,門外班騅久相待。扶上雕鞍驕不行,消盡酒魂遺酒蛻。哀絲激竹遣華年,名士傾城盡可憐。我是天涯狂阮籍,祗應酣臥酒鑪邊。

送李五肄頌

百憂積歲暮,浩然思故鄉。如何遠遊子,復此看歸航。君來如還家,日侍嚴親旁。猶恐膝下身,縈我慈母腸。往來問起居,不憚行路長。來時觸煩暑,今歸涉冰霜。感君兩地心,使我悲年光。飢寒定省疏,淚下沾衣裳。

二十察孝廉,三十為郎官。翩翩佳公子,文采被羽翰。請假出都門,共作晝錦看。寧知臣朔饑,煮字那可餐。府君富賓從,八百羅孤寒。持此四品俸,分作終歲歡。有子不暇恤,索米愁長安。我窺君胸中,亦有廈萬間。何以娛親心,益集鴝與鸞。單車返鄉里,避債聊閉關。

君有異母弟,已能辨之無。兄來未識面,徑向懷中趨。相攜侍親側,容色何婉愉。知兄耽述作,研墨兼調朱。我如君弟年,阿母教讀書。分此一粟燈,織布裁單襦。諸兄各遠宦,百里專城居。此樂殊未經,旁觀自嗟籲。

百毀流俗輕,一譽大賢定。使君知我深,疏狂率天性。有客慮謠詠,巽語感持贈。獨賞眾所忌,高名實難稱。再拜謹謝客,吾心自無競。矯飾縱易工,何顏對明鏡。

先聖有遺訓,詩以道性情。如何今作者,霸術師縱橫。虛氣寧久長,蜃樓向風傾。君詩最樸至,持重無奇兵。乃其壁壘堅,兀兀如長城。與君隔舍居,午夜聞吟聲。嗜好苟不專,絕業何由成。願言各努力,豈在時世名。遙遙一鐙共,千里通精誠。

贈徐文學楷

風雪天涯淚不止,乞食者誰廉吏子。十年珠向掌中擎,今日飄零乃如此。欲行賈,無金錢。欲耕作,無良田。男兒讀書真大誤,黃塵如煙去無路。低頭一日字五千,羊裘一襲書半年。書成珍重落誰手,猶見孤兒淚痕否。

贈章文學建麟

與君異鄉里，聚首忽經年。同以饑驅至，因之別恨牽。蒭燈邀夜飲，快雪喚朝眠。他日相思意，蒼茫共遠天。

落花辭故枝二首為儲二桂榮作

落花辭故枝，花落芳華竭。妾命不如花，未開已先折。

落花辭故枝，點點在君砌。妾命不如花，委骨定何地。

贈黃上舍承增時將入贅為郎

駿馬不可以守戶，寶劍不可以削葵。天教墮地作男子，安用屑屑雕蟲為。黃郎才氣出儕輩，落魄無聊日酣醉。豪絲激竹夜未央，忽復停觴墮悽淚。天河之水下洗兵，全秦先定蜀繼平。難民還鄉泣空屋，戰士脫甲思春耕。饑虫蟲一箔鴻萬翼，長官悲喜應交並。如何撫輯致得所，此際正復需經生。故人半有薦賢責，行見老驥天衢行。信陵末路豈足法，君乎善養中年情。我生才疎不副志，上書愧負賢能字。放歸且得避炎蒸，散髻斜簪足遊戲。花好先扶阿母看，竹深長共佳人倚。他年何處寄閒身，一舸煙波本家世。頃來海上橫素琴，主人愛客兼知音。當筵邀譔龍姑曲，買笑輕揮廉吏金。此時逢君與君好，別君不覺披深襟。七十二鬟籠曉霧，水暗荷深若無路。相思勿遣尺書來，軍吏高呼驚宿鷺。

程孝廉晉去皖城別後有作

留君不住送君行，急雪迴風亂別情。詩思暗隨腰帶減，冰瓏猶似月波明。薰香繡被寒無夢，上水扁舟夜有聲。莫向天涯論近遠，一般隔斷是愁城。

以鐵師畫筵贈人代題二十字

呵凍寫冰綃，春魂爾許嬌。誰家白團扇，秋盡不曾拋。

謝袁學博秀甲惠布幔

同此客中意，時時慰獨吟。論交姜被暖，勸學董帷深。鑪爐香猶在，窗疎雪不侵。殷勤感持贈，一寸歲寒心。

輓康孝廉愷

海上識二士，子與華也賢。褚君文洲。子尤負奇氣，諤諤驚四筵。如何遽摧折，此才天弗憐。倉猝治棺衾，猶是賣畫錢。金石有時毀，絹素或久全。天公本無心，各恃精氣傳。子之於丹青，用力逾精專。度子身後名，當在文沈間。修短匪壹致，正命諒所安。豈無百年人，寂寞歸黃泉。

鐵舟上人畫松歌

鐵舟上人真大雄，為我放膽畫古松。紙橫五尺縱二丈，一榦直立於其中。我聞畫松如畫龍，鱗角隱現窺無蹤。豈知正坐膽怯耳，獨以全力圖全龍。虛堂獵獵吹朔風，著我忽在徂徠峰。蒼藤盤屈類鐵鎖，誤汝飛去青天空。上人手扶七尺筇，入山一步雲一重。松乎遣汝作梁棟，慮汝斲小難為功。丞相祠前賦老柏，中郎爨下驚焦桐。一日摩挲三歎惜，我能知畫兼知松。

李氏園消寒第三集送洪編修丈旋里

太歲在戊午，偕公客錢塘。絲竹悵零落，宿草東山荒。少游亦臥病，昨已辭淮陽。謂謝丈、蘇潭侍郎、秦小峴廉使。何期我與公，復此歡對牀。六年蹤跡真奇絕，腸斷生人成死別。萬里孤臣感賜環，鬢邊攜得天山雪。餘年有酒百不憂，訪舊獨泛吳淞舟。信陵青眼識公早，味莊先生。不數張耳能封侯。海風翩然下仙鶴，到眼依稀認城郭。竹葉重浮北海杯，梅花正放南枝萼。客星似月清光開，郊島籍湜紛紛來。謂文洲、七薌諸君。平生臆度子房貌，頗訝風神太清妙。危言膽滿七尺軀，樽前顧曲周郎如。乃知賢者固難測，氣節寧許迂儒迂。我識荊州在公後，期我亦如公不朽。方慚同里作替人，公自忘年呼小友。回飆急雪催公行，客中送歸傷別情。煩公為我報老母，我歸及奉屠蘇酒。

不思議齋消寒第四集題泛海圖並序

> 味莊先生自乍浦出洋，至大羊山，勘定江浙分界，歸作此圖。

旌旗獵獵吹天風，樓船飄忽如行空。先生宴坐意調暢，較泛平湖覺遼曠。浪花倏湧銀浮屠，魚龍出水驚前呼。豈惟勘地定分界，兼以耀武威崔苻。我昔觀潮海寧郭，鵝毛一片從空落。千雷萬霆相擊撞，瞬息已入錢塘江。即今讀畫空追憶，坐失壯遊籲可惜。公約偕行未果。君不見從來忠信涉波濤，置身丘壑安能豪。

食臘八粥簡袁大秀甲

負米歸來一室歡，筍香蔬白稱清寒。故園風味勞回想，暮歲心情易減餐。擬託長鑱無二頃，不堪短鋏到三彈。商量何地容身好，誓願分君苜蓿盤。

敘別

舊曲停么鳳，新聲倚採芝。華年圓月近，佳約碧雲知。灼灼明珠箔，纖纖失玉卮歌。憮交翠黛醉，淺暈紅脂虧。燭迴眸乍傳，柑卻手遲調。絃通細語，劃箸篆相思。隔座吹香遠，寒更帶病支。幾曾工姹女，從此看西施。鸚武呼名字，蠶眠錄豔詞。憑肩羞鏡朗，入抱比雲癡。庇酒人偏覺，藏花客亦疑。訛言傳仿彿，密意露矜持。一任歲蒸鎖，都忘蛺蝶雌。易拋臨別淚，虛擬定情詩。繡被愁孤舫，甘蕉抱故枝。畫圖頻看取，莫更減腰肢。

李兵備席上聽俞生琵琶〔註1〕

大絃如鐵么絃銅，一揮星辰飛滿空。頗疑君有郭公術，百萬甲兵袖中出。平生恥作一書生，聽此軒昂欲投筆。曲終四座歎絕奇，爭前勸君盡一卮。歡然引滿更不辭，瀟灑亦似崔宗之。明月窺簾燭光冷，卻視檀槽不敢請。君言夜氣最宜絲，觸手泠泠飛有影。冰絃一條月一痕，此時座客傷羈魂。金鍼未收玉腕惰，窅篠房櫳見孤坐。何時細語訴相思，留取圓輪照愁破。英雄兒女皆可憐，坐惜寂寞消華年。願君琵琶化為石，與君天涯同作客。

有別

天寒日色薄，迫此鄉思深。將歸轉傍徨，念我同棲禽。老親望子歸，落日愁疎林。少婦望夫歸，圓月悲孤砧。烹蔬勸晚食，翦韭同宵斟。已憐聚首暫，莫慰終歲心。如何匝月歡，亦復資黃金。人生知幾何，離別恐不任。揮手不復顧，熱淚沾衣襟。

柳花詞

知傍瓊樓傍野橋，華年如雪不禁銷。分明畫出春情緒，勾引羈魂與蕩搖。

〔註1〕（清）舒位《瓶水齋詩集》卷十二《陽湖陸祁生孝廉在李備兵席上見僕所作琵琶詩謬辱題後為書報謝附一詩於書尾並訊林遠峰上舍》（上海古籍出版社2009年版，第473頁）：「參佐橋西夢，長安道上塵。落花同逐客，飛鳥各依人。翠袖迴空谷，青袍感鬱輪。寄聲林處士，莫厭鯉魚頻。」

春遊準擬又蹉跎，曉日房櫳喚奈何。雅鬟未攏茶正沸，坐殘幽夢背簾波。
三十張郎減俊遊，倡條冶葉漫句留。是誰種汝成連理，禁雨禁風到白頭。

贈鄭侍御激

先帝焚裘日，詞臣拜疏年。攀龍餘老淚，鳴鳳望時賢。近作諸侯客，知無二頃
田。朝衣休賈酒，曾帶御鑪煙。

小別

小別驚殘月，訛言誤落花。依然珠在掌，珍重玉無瑕。憶繫長生縷，初聽卻手
琶。眼波澄月幌，酥汗膩冰紗。護醉投懷笑，羞唅奪扇遮。翠禽憐小小，紅豆
放芽芽。鏡訝蠆峰窄，書緘雁字斜。恨無軒載鶴，愁看鬢堆鴉。款款辭梁燕，
恩恩赴壑蛇。模糊成曉夢，寂寞惜年華。正喜檀欒近，偏逢謠諑加。門扃金屈
戌，魂斷玉丫乂〔註2〕。賈酒拚長慟，量珠悔浪誇。何期看玉立，重與慰天涯。
握手渾如夢，書符為辟邪。叮嚀山下鬼，歲月自今賒。

祝編修堃還讀草堂圖

九十九峰青，當窗削玉屏。鄉親蘇小近，潮信伍胥靈。竹徑猶能憶，謂安瀾園。
花溪惜未經。感君圖畫好，引夢過西泠。

仙蝶謠錢通守丈維喬李兵備廷敬祝編修堃林上舍鎬孫孝廉原湘劉孝廉嗣綰徐孝廉準宜舒孝廉位樂孝廉鈞孫孝廉爾準莊上舍曾儀屠主簿湘改山人琦徐明經磏劉秀才珊周秀才濟女士席道華歸佩珊方外銕舟韻香同作〔註3〕

〔註2〕「乂」疑為「叉」。
〔註3〕錢維喬《竹初詩鈔》十六卷未見和作。（《清代詩文集彙編》第396冊）
劉嗣綰《尚絅堂集》卷十《仙蝶謠》：
祁生滬城書來，云：平遠山房演所撰《洞庭緣》劇，忽有羅浮蝶大如扇，飛繞
龍女衣數匝，因止座隅，良久方去。繪圖邀余賦詩。余時方有所感也，賦《仙
蝶謠》寄之。
有蝶兮仙仙，羅浮兮長年。高峰兮四百，遠路兮三千。飛飛兮煙雨，悵江南兮
迷處所。驚別院之華林，豔誰家之妙舞。歌梁兮滿塵，羌目成兮美人。掩班姬
兮團扇，留飛燕兮長裙。幕邊何欵欵，一夢三生短。空下鬱金堂，長辭桂華館。
謝川兮來遲，韓憑兮別枝。邈人間兮不可留，託香魂兮長相思。香銷兮翠委，
華年兮一水。烏白頭兮怨生，草紅心兮愁死。生死兮襄裒，仙山兮古苔。願素
質之自保，從麻姑兮歸來。

仙蝶仙蝶好顏色，荔子分紅梅染碧。翩然一片羅浮雲，江南鶯燕羞青春。春光苦短看不足，平遠山房夜燃燭。當筵誰曳畫裙來，卻扇神光朗於玉。曼聲一轉花亂飄，春魂如絲隨蕩搖。金鑪無煙玉樽冷，羅袖動香吹酒醒。不知可是蝶前身，三匝纖腰助嬌影。君不見清溪靈蝠餐紅蘭，化為玉女垂雙鬟。又不見崑崙元鶴學童子，丹砂在頂遨人間。清宵豔絕師雄夢，蕚綠曾邀聽三弄。忍俊山靈更不禁，春駒偶解青絲鞚。千疊雲山十丈塵，伶俜空與護芳辰。故山自有雙棲侶，莫向江南作雁賓。

懷李戶部肆頌

殘年風雪黯銷魂，送子歸局通德門。長物僅餘官應宿，分財可有客酬恩。新編商訂斜川集，小宴私開北海樽。一樣紙窗燈火影，近來鄉夢徧江村。

懷伍堯庶子

詩龕風月最清妍，大隱都忘住日邊。幾度進階仍五品，有人刻楮又三年。衡文永叔來何暮，得句韓郎黯自憐。安得尚方頒玉尺，霓裳同日聽群仙。

和人題表忠觀

一曲還鄉被酒成，英雄到此不勝情。攀條說與臨安樹，我是鍾家旁舍生。

開門節度奈君何，強弩還應射汴河。天祐金符梁玉帶，一般恩重費摩挲。

寄題襟館主人

夜夢鶴林寺，曉得蓮裳書。知公官事暇，起居甚康娛。潤州山色青無數，為是年時別公處。卻恨江風吹夢還，望斷瓜洲隔江樹。

鍾進士射獵圖

富貴神仙兩無分，黃金那屑閻羅印。橫行鬼部作鬼雄，手擲毛錐佩霜刃。夜來

（清）舒位《瓶水齋詩集》卷十二《李味莊備兵宴客嘉蔭堂歌者孔福方演雜劇中之花魁孃子瞥有羅浮大蝶飛至繞伶身三币而去祁生孝廉作仙蝶謠而玉壺山人七香改琦為圖來索題句蓋為祁生作也》（上海古籍出版社 2009 年版，第 474 頁）東海桃花紅雨靨，南海仙人放蝴蝶。水精簾下讀道書，屋裏衣香花不如。花非花兮花解語，細漏丁冬碧紗雨。定子當筵車子喉，消息劇於十五女。相逢不是青陵臺，且占百花頭上開。花開花落凝絲竹，絲竹分明不如肉。海水汨汨山冥冥，有人讀破南華經。造得酒樓邀李白，傳來綵筆付秦青。牽雲曳雪斑騅送，級粉調鉛寫春夢。不知鳳子為誰來，還問翠釵釵上鳳。

大獵張鬼軍，鬼馬蹴踏不動塵。搏虎聊償使君虐，縛豕識是彭生魂。擊鮮一飽徧鬼群，絕勝乞食盂蘭盆。青燐兩行夾歸騎，前驅徑喚鄷都門。吁嗟乎！朝露晞，侯骨朽，李廣得封亦何有。如君此樂真足豪，只恐泉臺乏醇酒。劉柳州，方桐廬，愁魂怨魄歸來乎。鍾君貽汝金僕姑，死不快意生何辜。

苦雨寄舒孝廉位

上弦月，雨如絲。君不來，來有期。下弦月，雨未歇。君不來，月已缺。申江潮，暮復朝。吳娘歌，雨瀟瀟。歌未終，停蘭橈。遲君至，江之皋。九峰雲，不可招。滬城雨，時復飄。吁嗟客愁兮，誰當與銷。

喜舒孝廉至並報謝仙蝶圖題辭

銕雲寄我仙蝶篇，曉夢飄落羅浮煙。羅浮離合渺風雨，天遣仙駒迓仙侶。相逢執手意惘然，似憶何年識眉宇。南華老仙笑不休，謂味莊先生。道我此別三千秋。人間有酒頗堪戀，且復痛飲銷離愁。櫻桃芍藥花開徧，中有崔徽卷中面。未惜揮殘十樣牋，可憐同是孤飛燕。一片朝雲著雨低，虛空何處捉希夷。不如手裂滕王本，重作麻姑白練飛。

詠烏他

纖手團香雪，為郎勸晚食。妾持比性情，郎持比顏色。

鄭太守濟嬴以金川軍營舊作索題

從軍頗笑杜陵叟，嗚咽磨刀刃傷手。亦不能學王侍中，歌頌神武諛相公。本朝開疆置疆吏，方略全承大皇帝。羌笛潛回絕塞春，鐵衣不墮征夫涕。金川昔者勞天兵，太守實侍阿文成。一十三番笑絕纓，馬上安得屬書生。書生佩劍如龍鳴，遇賊便殺賊始驚。從容解甲挑長檠，穹廬夜夜聞吟聲。功成受賞擢官去，卻理從戎舊詩句。老兵故吏半零落，幕客才多不能注。去年王師定關中，逃亡漸集勤春農。但期親民得循吏，未願諸將誇邊功。我本雲間隸公部，家世能文復能武。詩成暫擬從公還，乞公飲我橫雲山。醉來徑擁白雲臥，不煩夢奪松亭關。

銕公招飲南園醉後戲作

摩登一咒禪心動，雨際開筵倒春甕。我正昇天覓酒星，札闥洪庥符曉夢。迦陵嬌鳥梳霜翎，墮地化作雙娉婷。歌聲吹入碧雲去，無奈寒簧喚不醒。君不見官

齋一月聽愁雨，雨氣逼燈青一黍。班騅未惜錦障泥，揮鞭欲出迷東西。味莊先生和予《賀新涼》詞有「泥滑班騅馳不得，屬潛隨少女風吹到」之句。今宵痛飲佛應許，天亦投壺呼玉女。雨稍止，尚見電光。

簡姜五鈴

珍重狂花藉錦茵，此花冷澹不宜春。仲翔骨相分明在，知己何嘗得一人。

平遠山房分體賦女兒酒

女兒箱壓女兒艣，紹興嫁女，輒有一舟，即烏篷畫舫是也，亦名女兒船。一夜春情透玉缸。枝上不驚梅子七，花前長願酒杯雙。糢糊綺夢羞難憶，跋扈狂奴醉受降。知否有人空谷裏，十年無術變寒江。

苦雨歎書家書後

上絃下絃雨聲續，敝廬已塌東廂屋。東廂屋破茅可束，我行留米僅兩斛。兩斛米，客勿憂，篋中尚有羔羊裘。明朝逢庚雨應住，喚婢街頭賣裘去。

汪丈端光同知思恩公子全德書來述先君子德政數事云得之百色老民者愴然有作並寄汪公子

書來一度一傷神，況復傳將逸事真。此日正深知己感，先君子官順昌知縣時，桂林陳文恭公方督閩浙，特保堪勝知府引見記名。旋以憂去官。後官廣西，文恭已薨。出山已忘宰官身。何期父老猶揮淚，未敢孤兒怨負薪。剩有白頭遺僕在，客中相對各沾巾。

立秋日寄婦

天上星期近，盤中錦字稀。晚風涼入袖，晴日曝無衣。綺語年來少，疏慵覺後非。相應最圓月，雙照影依依。

輓褚明經華

招我牀頭理斷編，為言病骨樂長眠。秋人一命飄黃葉，立秋前一夕。錦瑟三條斷綺絃。年四十有七。垂死尚揮知己淚，君卒之前一日，強坐作書報味莊先生，僅仰蒙格外四字。此生悔住有情天。櫻桃花底千杯酒，薄醉恩恩四十年。

少年結客未全虛，門外先聞走素車。君友林君為營殯具。較比虞翻多弔客，可能卓女護遺書。君未有子。牽蘿生少雙棲樂，君婦失愛於姑，君終身獨處。負米家無十日儲。

腸斷白頭扶杖哭，稱觴空望小春餘。_{今年十月為尊慈八十壽。}

秋夜偶作

住是愁中去病中，歸原草草別忽忽。可憐半晌低鬟笑，抵得蟠桃一度紅。

一夕秋風百病生，藥鑪松雨灑聲聲。輸他客裏閒情好，聽到空階絡緯鳴。

芙初示絡緯吟近作

情懷淒絕早涼天，珍重殘荷著雨鮮。暗祝西風休送暑，秋衣我尚未裝棉。

多感鄰姬問嫁衣，青青梅子已愆期。蛾眉欲畫羞明鏡，深淺何因更入時。_{伯鴻書來問會試行期。}

古意

郎恐傷儂心，背儂掛帆去。日暮千帆張，郎船在何處。

郎船去不遠，帆隨妾心轉。歔咽投郎懷，冬來夜逾短。

仙禽戀稻梁，卑棲不如鶩。仰視碧天空，畏郎無覓處。

亭亭青蓮花，折花刺傷手。不感郎愛蓮，感郎不求藕。

自憐別郎易，頗妒見郎早。感郎念故人，信郎與儂好。

牆根一叢花，可憐好顏色。千騎驕春風，郎來不能匿。

春歸郎亦歸，郎言妾否否。不願見郎早，但願依郎久。

惜花畏花放，愛月愁月圓。盡留顏色在，婉娩待郎歡。

吳博士_照種菜圖

夜雨聲初歇，朝雲糝易成。捲簾春淺淺，采綠步盈盈。藉遣英雄氣，難消兒女情。披圖觸鄉思，何計得躬耕。

明月篇寄婦

青天一明月，蕩此空中珠。秋霜警春夢，那惜蟬鬢濡。比屋千娉婷，盈盈步階除。豔影易為好，攬輝不盈裾。願月化作星，萬古無盈虛。雙扉掩風雨，愁臥如空廬。始知造化力，不給眾所需。賤妾善織素，良人耽著書。粲粲三尺檠，分光常有餘。含情謝明月，無煩照幽居。

過儀徵省視從孫女因贈其壻黃別駕傑各一首

我識卯君久，令弟仲筍。相逢恨較遲。一帆江上影，萬里月中絲。豪氣洪厓近，謂君師稚存丈。閒情芍藥知。樽前慚小戶，薄醉竟難支。

十年廉吏息，修竹倚清寒。此地故鄉近，賢名後母難。壻狂宜善體，姑病好承歡。迎汝春潮長，休教感歲闌。

錢大中釚秋水卷子

年來涉江湖，屢放吳淞船。一泫瀉杯中，夢影何涓涓。未厭觀水志，已覺行路難。羨君樂泉石，高臥聽淙潺。東南苦河患，橫決愁狂瀾。近復阻沙磧，轉漕艱空還。豈無救時略，永逸殊未然。願君置此樂，努力濟巨川。平池雖不廣，所貴通其源。一滴地數尺，浩蕩胸懷宣。勿為孤舟繫，送彼千帆懸。

湖舟飲次戲呈胡祭酒長齡

纔向平山艤客舟，一樽先醉白蘋秋。座中誰是黃崇嘏，翻倩仙郎許狀頭。

有悼

廣座曾揮錢鳳幘，靈牀來鼓彥先琴。不知尚到人間否，認取寒檠照苦吟。

崇百藥齋文集第五

歸颿集

沂州早發

了了還鄉夢，匆匆奈易醒。空林森夜氣，疎雨露春星。侵曉寒逾重，消愁酒不靈。卻憐轅下馬，瘦影亦伶俜。

示惲翊彙昌

筍輿一步一低昂，觸撥鄉思到野航。入世何心希蔡澤，卜居終擬效韓康。疎林三面接天遠，新韭半畦如草芳。料得艤舟亭畔雨，盡添濃綠壓長廊。

杏花

亂山高下送征鞍，惻惻單衣透暮寒。一谷杏花紅不暝，強留春影待誰看。

古意

送君向長安，是妾昔行路。黃塵高接天，迷卻望君處。

楊柳江南樹，誰栽官道邊。空有留人態，翻教折作鞭。

妾夢忽已醒，君行那更遲。分明殘月下，霜影動鞭絲。

金蓮花代友人館課

蕭寥曲徑耐幽尋，珍重二年蓄艾心。偶值歲寒儕竹柏，終愁性熱誤葰苓。幾人愛菊憐形似，有客探梅愴獨吟。學佛未能還殢酒，且拋新賦換黃金。

古意戲邀張侍御問陶同作

預擬春遊願總乖，踏青自惜鳳頭鞋。秋深久分忘執扇，嫁早翻教典玉釵。一任小姑憮寫韻，未妨鄰女笑持齋。新來休更防鸚武，果得卿言亦復佳。

為楊二紹文題其內子澹音閣詩

墮地誤作男，識字集憂患。浮名定何物，輒以庸福換。積悔已十年，結習苦未斷。女嬃本嬋媛，奈何好詞翰。十五名父息，從官值離亂。二十嫁星郎，一麾繫薄宦。詎非詩為祟，遲子翟茀粲。山妻頗耽此，近亦廢書歎。流離喬公女，少小遭家難。得壻雖足歡，入世若冰炭。陳平不長賤，此語久成讕。來者冀可追，書城逝將竄。謹告心所危，為子裂黃絹。

送魏同年襄補官河南余亦以是日南下

孤兒鮮兄弟，所恃唯友朋。憶初識君時，秋水雙矑清。相愛定誰始，但覺懷抱傾。十五倦俠遊，十六思挐經。顧謝里中少，放卻臂上鷹。塾師頗稱譽，行將掇科名。長者語非妄，逐隊歌鹿鳴。豈知君胸中，別有夙夜盟。春官宴多士，霓裳爛蓬瀛。同學各努力，矯矯姚與彭。君獨不得進，容色夷然平。或疑樂外仕，三十當專城。豈知君胸中，別有逕寸冰。炎風何烈烈，黃塵杳冥冥。肌膚半焦枯，一濯思清泠。鄉音忽入耳，聽此柔櫓聲。憐君策瘦馬，獨向河南行。君行百無慮，所慮在性情。慮汝折腰苦，拜跪非所勝。慮汝催科拙，鞭扑未忍聽。慮汝謁上官，面目或可憎。偶發一言善，已使眾耳驚。補苴既鬱鬱，更張益兢兢。丈夫不行意，何用遣平生。我今暫歸去，恨乏田可耕。汝官恐不免，竊祿誰復矜。人海浩茫茫，未保相見仍。歧路一揮手，百感來縱橫。

偶述

曉鏡明霜刃，輕塵走犢車。機空蘇氏錦，障撤謝娘紗。灑墨香蘭笑，添衣碧月斜。誰憐花外影，終夜泣琵琶。

昭容持玉秤，姹女出金房。綵勝懸初度，宮花顫兩行。擘牋何綺麗，失箸太蒼黃。奇字新來少，朱門掩夕腸。

完顏太守廷鑑乞賦園中草木猝猝未暇以為歸舟苦悶卻寄三首

庭前馬纓花，顏色使我傷。耐久固為好，毋乃損幽芳。憶汝始作花，炎風正飛

揚。未忍遽委化，秋心益傍徨。傍徨復何為，零落終有時。不如原上草，榮悴無人知。

招涼失清曉，午風吹暗塵。牽牛何娟娟，花發如避人。我就主人飲，留宿常經旬。關河阻鄉夢，見此顏色真。星期太迢遞，況復非陽春。願得忘憂草，持以獻天孫。

葵花傾太陽，忽被風雨侵。柔條一以摧，誰復知初心。感此不成醉，淒然念升沉。得地尚如此，委運匪自今。矧彼託根誤，憔悴山之陰。

寄汪大 全泰

被服一品衣，不使容色妍。如何出世姿，徒聞惜華年。敲門乞水火，水竭火不燃。萬物在他人，貴賤皆無權。人生可自致，唯有佛與仙。俗儒難所易，瞠目驚狂言。所無亦勿求，所有亦勿捐。期子保精氣，與子凌飛煙。

舟中夜起懷都門諸子

夢醒櫓聲寂，招涼推短篷。星光爭曉月，燈影誤飛蟲。小別又千里，秋花開幾叢。車輪知未轉，夜氣亦空濛。

櫻桃

櫻桃一樹隱彤闌，香酪親調赤玉盤。昨夜東風吹折損，可煩重進柘漿寒。

答宋同年翔鳳

俊翩望先舉，飛花共一林。頻揮臨別淚，益愴未歸心。此去梗猶泛，相思秋易深。吾行自調護，愁汝薄寒侵。

約指雙銀在，朝雲綺夢非。何因通宛轉，祇是惜芳菲。心事羞團扇，歸期誤錦衣。誰家弄長笛，偏奏鶴南飛。

水聲

水聲涼到枕，夢醒此何時。篙師忽相喚，村雞無數啼。自起剪殘燭，誰與護秋衣。忍寒良久坐，默默還入帷。

滄州道中周二濟同作

翠袖寒如此，桃花豔不銷。傷春秋士淚，乞食玉人簫。漂泊生涯誤，關河客路

遙。始憐吳市酒，孤憤未全澆。

寄薛六玉堂

破屋倚高樹，到門聞詠詩。無人知大隱，此口有微詞。病婦誇徐淑，驕兒似袁師。故鄉歸亦好，何以決然疑。

饑鳥篇

饑鳥不入群，孤飛遶荒田。田荒那得食，欲去還遷延。我從田畔來，訝此毛羽鮮。趨前欲相撫，驚飛高樹巔。雕籠護飲啄，鸚武工為言。幽棲抱野性，不習君子憐。自愧知汝淺，愛乃違其天。相逢更相失，送汝投寒煙。

舟行多阻恐家人凝望先寄以詩

涼風蕭蕭忽而至，半年別汝成何事。燕臺春好花亂開，少年各舉花前杯。三更繡陌灑飛雨，一夕朱顏成死灰。並蒂之花先後落，春本無權分厚薄。可奈蜂狂蝶亦癡，處處穿簾兼入幕。我時委巷聊閉關，夕陽倚遍中庭欄。誠知無得固無失，免汝翟茀生慚顏。黃塵如山愁據鞍，擁書差喜篷窗寬。回飆淺渚更多阻，孤吟薄醉難為歡。篙師曳縴赤日下，十里五里行蹣跚。此曹同抱故鄉思，驅迫寧有雙飛翰。吾生事事落人後，歸路那復心憂煩。燕南趙北秋寥泬，白草茫茫接天闊。相看顏色於我真，獨有江南一輪月。我行還家弗再出，照我披帷話離別。

過德州贈孫糧儲星衍

一鶴共俯仰，秋懷似水清。仙才忘少作，吏治薄廉名。金石軒窗古，湖山去住情。短檠猶故物，應照箸書成。

德州阻風

衰草蒼茫淡夕暉，篷窗低傍水之湄。歸舟豈有乘風願，任爾朝南暮北吹。

題蔣心餘先生四絃秋樂府

苦竹黃蘆又幾秋，青衫長汝淚痕浮。琵琶一曲忽忽罷，愁絕歸人上水舟。

乍寒

客路驚新月，歸心急乍寒。檢衣添半臂，開篋置輕紈。醉淺不成夢，起遲常減

餐。從教護明鏡，難掩帶圍寬。

刪訂舊詩見吳二塙題句次韻

感君題句意纏綿，添我孤吟遣醉眠。歷歷悲歡疑昨夢，區區恩怨薄前賢。舟中攜明七子詩。果能焚研應非晚，略解吹簫已得仙。除是性情終不泯，有人惆悵抱殘編。

裁詩十歲即逢君，每過西州愴夕曛。余初識君於西禾外舅席上。少日才名渾一笑，天涯離恨總平分。銜香坐看蜂成隊，聽雨遙憐鴈失群。故紙模糊增護惜，他時驗取淚痕紛。

傷足有述

草木不獨榮，禽鳥不失群。宇宙何寥廓，恃我平生親。一朝攖疾痛，始悟非一身。寧不感調護，肢體終有分。昔賢慎跬步，傷趾懷先人。勿謂偶蹉跌，謹小古所云。各負七尺軀，肣助嗟何因。立身苟不保，割席徒聲吞。

七夕

為誰晱到可憐宵，月色波光一望遙。照出玉人秋夜影，滿身香露鬢絲飄。

銀河小隔一灣秋，安穩雲軿渡碧流。那似人間歸路遠，聽風聽雨不勝愁。

獨漉

獨漉獨漉，天寒酒濁。天寒愁路遠，酒濁愁夜長。夜長猶自可，路遠摧中腸。北斗忽已沒，曉風何淒淒。推篷望故鄉，不辨東與西。俠劍不再試，驚禽不再至。勿恨歸路遠，但悔出門易。羲和鞭日鏗有聲，我欲繫日無長繩。不須長繩繫白日，但當還家勿復出。

武城晚泊

日落水波豔，月高雲影涼。捲簾秋有色，說劍酒生芒。謂保緒。客緒此時好，歸塗爾許長。夜寒何太逼，寂寞掩昏黃。

檢得趙青州懷玉正月書卻寄

先人罷郡返鄉里，里門宏獎風初起。憶我垂髫請業初，往往趨庭識奇士。就中楊君最先達，南枝北枝花競發。星園太守、西禾大令。稍聞莊段竹坪、竹畝兩孝廉。貢賢

書，旋報孫淵如糧儲。洪稚存太史。直禁闥。相逢話舊同揮涕，誇我兒時頭角異。即今三十竟何成，頗覺都非意中事。舍人才高數亦奇，一官吟老庭前薇。當時鄰里待舉火，此日侏儒笑忍饑。無聊乞佐東方郡，差喜宮廚有良醖。捧檄依然負米心，一麾遽抱終天恨。麻衣星夜走蒼黃，落日渾河喚野航。似聽篙師歎廉吏，並無薏苡壓歸裝。箜篌急唱公無渡，何意陽侯阻行路。為有瀧岡表墓文，幾成屈子懷沙賦。頻年風木黯傷心，偶過師門碧蘚侵。指點年時譚讌地，竹聲樹色總蕭森。今春我逐公車隊，斜月西堂稚存太史所居。設高曾。段君近欲棄儒冠，苦說成名望余最。君更馳書到客舟，開函三復不勝愁。自言此事終無分，不信文章與命讎。青門三月春如霧，委巷蕭條閉幽素。行卷慵投春草詩，風簷大索飛花句。隱隱輕雷轉畫輪，元規扇底鎮愁人。樽前半掩王維面，眾裏從看東野身。歸舟意緒成悽惻，檢得君書增歎息。想見憐才感遇心，淚痕浣盡青衫色。我昔飛揚竹馬年，先人胠下聽清言。引經輒注瑯琊稻，獻頌私成泰岱篇。居然意氣凌八表，劣虎優龍結交早。謂莊氏、丁氏兄弟。嫁女都忘曲逆貧，生兒祗愛孫郎好。鏡裏朱顏暗自傷，忽忽流水送年光。好譚氣節終非福，解讀離騷便不祥。君罹吏議官重謫，沈腰折損籲誰惜。閉戶時驚鶴俸無，出山又羨鷗眠適。好憑講席占湖山，莫更浮家戀官職。不見孫君鄉思深，報劉一慟頭全白。頃過淵如先生，值有大母之喪，乞假不獲。篷窗日日數歸程，客感無端悔此行。遲我春申江上月，君客上海。濃愁吹破玉簫聲。

盂蘭盆會歌二首

佛心念鬼不念人，佛會大啟盂蘭盆。鬼腹彭亨復何補，東方州郡正禱雨。慈雲不來奈爾何，懼爾法食儲無多。

地上人聲稀，地下鬼聲沸。楚蜀前年苦兵事，國殤定已得解脫。盜賊何因任遊戲，佛乎慧眼照大千。勿使攫食來人間，人未為鬼佛不憐。

東昌雨泊

早作辭巢鳥，天寒念故林。孤舟一夜雨，倦客十年心。倚枕聽潮長，推篷送月沈。依依舊來意，只覺酒杯深。

懷里中諸子

蘭氣全消花骨枯，我能空際畫狂奴。歌姬院落先生柳，兩幅都題乞食圖。錢三季重。

未須明月關輕塵，不啟重關又浹旬。一院秋聲花四面，此中容易著詩人。_{錢大中釴。}

麻衣下地淚痕深，十載方知孝婦心。此日簟塵休更拂，都來簾押做秋陰。_{莊大彀。}

老母頻煩問起居，書來一度一欷歔。相思偶學齊梁語，願作重帷護讀書。_{趙大學彭。}

天涯

天涯去住總忽忽，誰遣將身作斷篷。塵世本來辛苦地，浮生半在別離中。露蟲攪夢聽終夜，野樹無情見一叢。者是幾分秋色裏，消魂殘月又如弓。

對月用扇頭張侍御除夕對月詩韻

草色連雲綠漸彫，一鈎頓使碧天遙。寧知下界愁風雨，可有神仙住九霄。幾處孤吟寒未寢，何人雙坐酒同澆。鏡中我亦相思影，暫許分明遣此宵。

分水龍王廟

一水分南北，中疑有轉輪。漫拋歧路淚，且浣客衣塵。回首浮雲遠，驚心碧月新。龍君休見阻，我是倦遊人。

寄楊兵備二丈煒

送我正扶病，知君鄉思縈。氣攖丞相怒，心得美人傾。獨坐安棋嶽，旁觀鬭酒兵。春明花事盡，珍重客中情。

魚臺道中見殘荷作

道旁一方塘，殘荷委無數。淒然念薰風，何因問鷗鷺。

寄蔡少司成師_{之定}

毛羽飄零久，勞將一鶚看。感公惆悵意，使我去留難。風雨雞鳴誤，江湖雁影單。春陰深幾許，此別路漫漫。

舟入江南周二濟淒然有惜別之色詩以慰之

曾聞蜀山好，君是蜀山農。攜我入圖畫，秋雲定幾重。懸知香稻熟，況有舊醅

濃。預約峰頭月，危厓照短筇。

再贈周二

誰覓此年少，頹然已半醺。惡喧逃北里，放膽對南薰。同姓周公瑾，三生杜司勳。君喜譚兵，亦頗有聲伎之好，故以為比。傷春復傷別，清淚滿斜曛。

過沛縣作

彈指功名百戰成，英雄老去淚縱橫。猜疑定獄能無悔，富貴還鄉亦至情。愛子死償諸將命，故人頭報一杯羹。風雲尚護荒臺否，寂寞寒暉下古城。

過牐

一牐三日守，一日五牐過。遲速各有時，此障本易破。誰能於事前，怡然受折挫。

夢萬十一過訪簡園同飲綠梅花下疎英未放蓋猶出門時情事也枕上口占紀之

聞攜琴鶴領蘇臺，時新調元和。珍重閒情入夢來。我別鄉園秋已老，可憐猶記未開梅。

將抵黃河作

東方久無雨，夾岸秋蝗飛。淮徐苦河患，水漲及半扉。行者盡室去，居者猶忍饑。極目何蕭條，落日炊煙稀。天心至仁愛，曷不一轉移。獨客自多感，惻愴聊賦詩。

高郵道中

斜日一帆孤，閒雲淡欲無。城高微露塔，水闊乍通湖。人去憐秋影，謂保緒。天寒念酒徒，謂心庵、鹿耷。休教最圓月，只與照菰蒲。

題襟館消寒第二集分題曾都轉所藏畫得管夫人疎篁遠岫

展卷先驚秀可餐，春風著意護檀欒。遠峰定妒眉痕好，翠袖能禁竹影寒。南渡湖山供染翰，雙棲歲月遣憑闌。舊游憶趁漚波漲，石筍摩挲幾度看。戊午春偕伯元先生、子白、蔣山訪蓮花莊石筍數峰，猶故物也。

又和郭三琦題勾龍爽村莊嫁女圖

嫁女不擇日，相約月團圞。心知上絃過，不敢捲簾看。

嫁女不離鄉，離鄉意悲楚。三日聞敲門，阿孃來看女。

嫁女不愆期，二八容色好。綠布裁作裙，低頭玩芳草。

又和吳祭酒錫麒題宋徽宗雪江歸棹圖

此夜穹廬雪，何因聽棹聲。帝衣青有淚，天水碧無情。鄉夢春先斷，歸心畫易成。寧知湖上舫，燈火徹宵明。

又和樂三題楊補之孤山月色

漫攜玉篴奏刀鐶，縞袂禁寒去復還。可有羈魂歸夜月，用姜白石詞意。不堪夢影斷燕山。蹇驢踏雪英雄老，畫舫探春宰相閒。惆悵半林空向暖，一枝驛使更誰攀。

又和金十題王若水斷橋風雨

閒漚夢醒鶴飛回，黯黯湖雲掃不開。我怪梅花緣底事，滿身風雨為春來。

又和劉大題薛素素蘭

瀟湘春水碧，隱谷野雲深。天豈憐幽草，花能耐苦唫。相思聞蕙歎，多恨是琴心。嬌鬟新來換，何因傍玉簪。

為樂三題青芝山館圖

樂生抱山癖，而無買山資。衿期託圖畫，展讀聊自怡。東南足名勝，獨秀非青芝。欣然愜幽賞，遂若為我私。人生本寄耳，何必多然疑。

築室固亦好，賒願或竟虛。山靈勿相誚，華屋多丘墟。他年訂山經，有客得此圖。未識圖中人，謂實山中居。山靈憶我言，劃然發軒渠。絹素豈長好，我言良亦愚。

端居偶根觸，逆旅繫去思。丘壑況所耽，登臨輒忘疲。生為有情物，安能絕貪癡。貪亦諒無幾，我取人或遺。飲水但滿腹，巢林止一枝。汲汲五嶽遊，此客太嗜奇。

先人有敝廬，寬然足容膝。屋旁一小園，水木頗明瑟。早作辭巢禽，良時易相

失。饑驅不任咎,子自有惰骨。曷不勤鉏犁,食指僅六七。君如果移家,慎勿蹈前轍。湖上多水田,耕讀一生畢。

楊刑部夢符泣硯圖歌為公子紹恭作

泣硯歌,我歌泣硯心蹉跎。楊家寶此已三世,使我感歎重摩挲。我無詞賦述世德,忍聽君家話疇昔。亦有孤兒淚萬行,為君添染傷心色。先人嗜學手不停,一官蕭然如水清。朝出判牘夜注經,有時閣筆聞歎聲。祿不逮養孤平生,兩家先人同一情。未識我硯落何所,圖史金石皆漂零。孝經論語粗能記,讀本而今亦殘敝。黯澹硃痕手自題,分明下九初三字。各有偏親鬢已皤,磨人子墨奈卿何。不知此日披圖淚,孰與當時泣研多。

題郭十三麟病中懷人詩

當窗寫韻人如玉,掩闥焚香婢拂琴。消得鄉園三月住,可無小病答春陰。

為王銕舟題其先人未成畫冊

粉本粗完已耐尋,蕭蕭風木愴秋心。憑誰為寫孤兒恨,添個枝頭反哺禽。

不寐簡樂三

莫恃酒澆愁,愁多酒成淚。清迥抱孤心,何因得成醉。

拋將十年易,遣此一宵難。忽憶庭前鶴,休教中薄寒。

去住都成戀,悲歡那自由。憐君歸路遠,未敢訴鄉愁。

嘲竹

一院聲蕭蕭,風影亂叢筱。此君尚折腰,梅花應絕倒。

夢影

夢影分明在,華年去不還。已拚成逝水,切莫起波瀾。

消寒第四集分賦淮海神絃曲得東陵聖母祠

東陵母,仙耶非?廣陵道,勿拾遺。苟為竊,神知之。青鳥來,集靈旗。靈旗指汝敢復欺,問胡為然寒與饑。民不畏法神所治,民不犯法神所慈。願神降福暘雨時,倉有黍稷機有絲,神烏神烏安厥棲。

繡女祠 伊墨卿太守所分題繡女者宋宮人南渡時遺落揚州學道仙去

飄靈風兮採旄，神之來兮江皋。踐鬱烈兮塗椒，薦芬芳兮溪毛。神勿悲兮失路，望錢唐兮迢遙。昔蒼梧之不延兮，亦永棄乎二姚。唯神女之解脫兮，謝團扇於秋高。喟揚音兮浩歎，袂障日兮徒勞。

宋徽宗石室養馬圖 消寒第二集王惕甫學博所分題詩久不就補作一首

慘澹丹青恨未除，山河重秀竟何如。欲全狡兔先烹狗，待搗黃龍已跨驢。半壁有天仇共戴，十年為沼願終虛。諸臣當日爭和議，那不先陳越絕書。

蔣二 知節 招飲寓齋分賦食物得糟筍

依然三徑護檀欒，苜蓿偏加病後餐。醉到此君無獨醒，客來寒夜有春盤。蕭蕭月影橫窗見，隱隱雷聲破曉看。說與舊時雙燕子，牽蘿遲汝話平安。

消寒第七集續賦神絃

邗溝大王廟

考牷鼓兮鳴鐘，顧劍珮兮雍容。彼貧富其自為兮，孰屍其功。神坐享此禋祀兮，孰酬其庸。謂冥默之有宰兮，又神聽之不聰。豈賞盜而導淫兮，不上達乎九重。紛萬口之詛與祝兮，將何去而何從。何如貧富之不相燿兮，還毀譽於太空。果吾言兮可採，燬神祠兮罔恫。

二郎神廟

浪浪兮天風，驚濤兮萬重。撫長劍兮從空，割左耳兮乖龍。嗟少見兮多怪，侈美譚兮終童。亭亭兮玉貌，神仙兮年少。悼人壽兮須臾，獨徘徊兮夕照。

伊太守 秉綬 招飲六一堂話別有作

先子十年寧化宰，不知即是鄭公鄉。遺碑見說今猶在，可有耆民話夕陽。詩人例作揚州守，最憶蘇潭與古愚。可惜東山舊絲竹，蠻風蜒雨鎮愁予。坐中舊雨兼新雨，不奈窮愁間別愁。我與黃梅花有約，年年相見在揚州。

齒痛既愈謝張二 琦

謂剛則易折，藤蘿望秋靡。默可全吾生，寒蟬抱枝死。入世不安命，擇術窮屢徙。頻年足憂患，飢餒到脣齒。張郎今仲景，藥石夙所恃。為我探病源，非由

內熱起。投我以薑桂，藥味辛且旨。庸醫方目笑，我痛霍然止。頑軀乏媚骨，廣坐集眾指。玉碎寧不傷，瓦全性所恥。因君信益堅，諤諤終自矢。

崇百藥齋文集第六

宣南集

芳樹八韻

芳樹綠愔愔，簾波一徑深。甘幬休貯玉，秦印薄懸金。鏡影融春曉，釵光破夕陰。露中飄蕙氣，絃外佇琴音。坐久香消篆，眠遲月滿衿。低鬟支淺醉，點屐諱微吟。笑覺拈花暫，寒因倚竹禁。漫誇仙福豔，樂意費幽尋。

題東海孝婦祠

男兒對簿古所恥，伏劍忽忽輕一死。何況生為女子身，三木寧堪著肢體。不如誣服獄易成，留取奇冤照青史。姑女亦勿瞋，酷吏亦勿怒。白璧可碎不可污，君不見田司農蕭太傅。

汶上

居然風景似江鄉，新麥濃青柳淡黃。我有漁竿拋未得，鞭絲引夢到橫塘。

車中對月

為愛清輝臥未安，褰帷堅坐耐春寒。天涯了了相思影，可許離人鏡裏看。

車中示老僕丁榮

曉日壓寒氣，凜凜侵肌膚。重衾類潑水，何況我僕痛。苕苕十八程，汝復何所

圖。我昔郡縣試，文成已啼烏。出門迷東西，不辨還家塗。高高擎一燈，賴汝候路隅。見我色然喜，舉手相招呼。自我舉茂才，信我能讀書。七年應鄉舉，三度徵公車。無不與汝偕，面塵冰滿鬚。浮名有得喪，悲喜真不誣。荏冉入此歲，汝年五十餘。勞苦漸不任，夜臥聞嘆歔。以汝貌衰醜，重我心躊躇。方汝筋力壯，頗足供馳驅。曷不舍我去，衛霍或汝需。轉輾為我誤，曾不離斯須。得毋挾賒願，徼幸收桑榆。我亦四十人，寧不知頭顱。蕭郎故晚達，齒冷愁旁奴。作詩述往事，紀實非過譽。吟成呼汝聽，淚落如連珠。皇天白日速，曠野浮雲徂。加餐各努力，挈汝遊天衢。

詠落花次李四兆洛韻

一尊重與餞餘春，不信司花尚有神。耐盡曉寒緣底事，照來殘月又經旬。濛濛霧暗前溪路，昔昔鹽傷倚檻人。此日元規團扇底，也擷俊語賦香塵。

簾櫳寂寂雨霏霏，紅綠空煩較瘦肥。翦綵工夫貧女少，攀條涕淚故人稀。轉嫌橫幅當窗見，偏阻迴風別院飛。只有飄零雙燕子，盡含清睞惜芳菲。

答汪大次來韻

綺思逐春盡，閒愁入夜深。已都無遠志，猶自忍歸心。焚研餘殘墨，哀絃恥碎琴。向來能壯語，怪爾動悲吟。

絕代

絕代有佳人，幽居忍翠顰。莊嚴虛七寶，風雨過三春。霜月豔遙夜，露荷明向晨。惟應祝秋水，鑄爾鏡中身。

古意送吳二埩之官

美人惜晚嫁，三復摽梅詩。已病通辭易，仍怨接歡遲。東鄰小女年十六，抱出阿侯如白玉。心知不逮妾容光，無奈春陽隔寒竹。曉日璅窗明，雙雙青鳥鳴。浣紗溪畔路，報導七香迎。七香行緩緩，未覺秋宵短。阿姥知卿已十年，手理機絲待卿轉。君不見縑新素故夙所歡，佳人易得賢婦難。

耀遹書至知自西安南返不果北來卻寄

正月別鄉縣，二月來至京。三月試禮部，文若翻水成。欣然示同輩，緯史復經經。四月既下第，何以遲遲行。明年值萬壽，有詔徵俊英。我非慕軒冕，祿養

心回縈。寒士出門苦，踽踽何倀倀。敏門乞資斧，竭忠慚友生。我去尚云易，我來心暗驚。晨昏寧不戀，進退相距迎。忍此一年別，不覺雙淚傾。

五月得家書，大母望我還。汝又且西至，逝將發潼關。浩然變初心，終宵撫刀鐶。前日得汝信，展看淚氾瀾。願叔且暫留，姪歸能承歡。我心唯汝知，我責賴汝寬。但汝何所恃，支此饑與寒。我自處於易，使汝為其難。汝又鮮兄弟，惻愴摧心肝。

今我留京師，菀塞無歡衿。殷勤相慰藉，豈乏空谷音。汪竹海、竹素。劉芙初、申甫。及蔡浣霞、香延。許，青士、藕舲。知我鄉思深。勸我酌清酒，為我動高吟。我時發狂言，故態不自禁。一笑未及已，百感忽復侵。倚閭正愁寂，我樂籲何心。默默對庭柯，淒然感移陰。

城南一蕭寺，濃蔭多古木。狂塵接天黃，獨此一庭綠。吳生次升。入覩來，招我避三伏。我復攜周郎，伯恬。聯牀雨聲續。朝來舍我去，獨立聽轉轂。依人氣漸低，得官貧轉酷。嗟哉二三子，何用慰幽獨。

凌晨檢行李，言就管子孝佚。居。此子抱深悰，魚水相與娛。稍恨處太僻，遠隔城南隅。城南誰最憶，南墅多藏書。中有謫仙人，申耆。罷值承明廬。行將去為吏，會面從此疎。此日足可惜，胡不昕夕俱。握手若遠適，欲別還躕躇。慈闈尚千里，私愛徒區區。

我婦與汝婦，同居逾十年。各守毋違訓，用是無間言。汝婦敬畏汝，汝歸婦益賢。我婦亦婉順，所短惟遷延。往往阿母呼，翻訝行不前。甚或唯而起，手尚持一編。我雖屢誡之，奈彼性所偏。汝示以此詩，努力承慈顏。

阿循年十七，詩筆劇清異。高視輕其儔，已招俗眼忌。我昔如渠年，狂亦空一世。跆來束憂患，駑馬亂德驥。一庸息眾毀，人海此孤寄。子弟患矜才，磨折亦易易。慎毋督過嚴，損彼凌雲氣。

無成迫壯歲，何計娛衰親。望汝登賢書，事亦安可論。外求計良左，至樂惟天倫。阿循若娶婦，便冀汝抱孫。過此復廿年，大母壽九旬。來孫置厀上，此瑞古未聞。天心重苦節，涕泣希洪恩。

終夜不成寐，輒昒吾兄來。生小未識面，我夢當見誰。推枕起默禱，媿謝弟不才。無成迫壯歲，莫慰慈母懷。母慈不為罪，念我心徘徊。願兄卻疵癘，勿使顏色衰。終當竊升斗，侍養期無違。

寄鄭秀才灝若

絕憶工詩鄭鷓鴣，仙才逸韻滿江湖。未妨汧國封名妓，直蓄崑崙作老奴。金彈一林春罷獵，寶刀如雪夜呼盧。銜環飛殺雙青雀，人在臨邛賣酒圖。

聞耀遹鄉試不中選

承歡百無術，拙計求科名。春陰既垂翅，秋高思一鳴。心事如孤鴻，風影時時驚。翻願消息遲，餘慶猶可憑。懸旌忽吹斷，化作大海萍。下第曾幾日，復此傷親情。況聞病甫愈，稍稍需人行。憐孫彌念子，寧免涕淚零。父兄昔初逝，辛勤授遺經。非將博榮利，何力勝躬耕。孤兒擅文譽，生計益伶俜。由來為貧仕，豈有他塗升。投身入此障，達觀殊未能。世有追風驥，甘為附尾蠅。送兒見阿母，萬慮胸中平。

得亦何足快，失乃生悲籲。此意當告誰，安知非鄙夫。江南應試士，萬有三千餘。從教抱淵鑑，豈得無遺珠。以我逝水年，邀君一日譽。棄置勿復道，託業誠區區。

讀唐詩

含意有未伸，對面隔九疑。古人去千載，豁若肝膽披。夜夢見眉宇，朝吟慰調饑。因之悟身後，何必知音稀。願將懷古情，與君結相思。

青蓮志刪述，垂輝映千秋。謀人既不遂，退乃為身謀。朱顏日以衰，幻想虛瀛洲。一朝委恒幹，愚智同山丘。尚及投荒暇，寫我平生憂。由來不死藥，自足非外求。重門掩風雨，浩蕩極天遊。

朝吟題飲酒，暮吟目游仙。遂疑曠士懷，縹緲凌飛煙。寧知謝珪組，未忍耽林泉。深憂在宮禁，遠慮及邊關。再拜祝柔翰，冀汝回天顏。天門深九重，空復容危言。何時采風使，駃蕩下高軒。

王孫耽苦吟，五字追曹劉。世人惜早逝，文果與命讎。豈知志士懷，所爭在千秋。中年足哀樂，何為久淹留。天心有憎愛，未可淺識求。彼哉多壽翁，視之若蜉蝣。

浮慕不終日，中道忽回車。未覺新歡盛，焉知故業疎。吾愛高渤海，官貴方著書。低顏處讒謗，是亦窮者徒。英英二三子，高足臨亨衢。終當倦馳騁，為君佩璠琚。

絳灌不好武，題贈歡平生。縞紵日以廣，豪素日以輕。詩人有獨行，一字三年成。不學錢考功，朝朝賦送行。

皓月弄花影，影是光所遺。幽輝寧久駐，託根終弗移。玉溪飲湘波，口吐五色絲。君子懲冶容，膏沐將安施。才多信為患，志潔誰見知。夔曠不並世，千載以為期。

堂上操玉尺，堂下環青袍。貴人方欠伸，午風花亂飄。哀哉方三拜，兔缺徒見嘲。當時衡文者，棄汝輕鴻毛。夏蟲緣松枝，安得見後凋。

女蘿附喬木，葉葉明朝陽。喬木摧作薪，敗蔓委路旁。河東既放廢，年命亦不長。道枉誠非惜，身殉良可傷。我有陶家釀，玉壺含冷芳。何時共斟酌，為君葆容光。

彭城差老壽，垂暮典秩宗。豈翳推挽力，祿位亦頗崇。迷復苦不早，壯往難為功。當其入世初，眠食何忽忽。未聞役五丁，遂與蓬萊通。君子貴知命，進退恒雍容。毋為誇附驥，惟當懲亢龍。

九華山色好，中有惜花人。自言嬋娟誤，對此愁輕塵。豔色寧久微，第一昭陽春。當時浣紗伴，望斷巫山雲。巫雲受風吹，零落汴水濱。蘼蕪為誰綠，環珮無歸魂。由來守貞女，不是可憐身。

宰相無他技，得人以為忠。倘懷植黨嫌，寒素何由通。昔夢平泉莊，鬱鬱松柏桐。琴韻出高閣，鑪香拂綺櫳。白雲忽西逝，八部迎天龍。崖州望不極，矧欲挽仙蹤。

鄴侯既當國，顧況期同升。故人作天子，乃有嚴子陵。翻然悟窮達，歸訪茅山僧。墮地七尺軀，肯作附驥蠅。殷勤舊來約，僕病方未能。

捷徑固所恥，知音良獨難。冰絃未斷絕，那惜千萬彈。珠簾粲玉齒，秋士迴春顏。我讀輞川詩，高若不可攀。何如冶遊客，清歌聽雙鬟。

陋儒論成敗，即事難與爭。杜陵比稷卨，大笑譁蠅聲。嗟彼齷齪懷，焉知慷慨情。齊王反手易，孔治期月成。虛言亦何補，寂寂孤平生。會當建奇策，一使俗眼驚。

西原賊方劇，道州獨見全。諒哉保障力，乃日蒙哀憐。賦詩誠官吏，往復何纏綿。貪功既所恥，養癰豈能賢。願書舂陵行，插羽示九邊。

青雲置身易，白雪和歌難。華實君未剖，雕飾若為看。滄浪喜譚菽，意乃輕郊

寒。文章千古事，不辨為君歡。

和劉隨州八詠

幽琴

孤根植風雨，何意作琴材。黃葉深未埽，朱絃今又哀。可能諧竹肉，空與飾金徽。惟應舊棲鳳，曲罷一飛來。

晚桃

綠陰深似幄，忽漫見餘紅。已教憐夜雨，猶是忍朝風。馬蹄三月倦，鶯燕一春空。可待成芳實，璚瑤出漢宮。

秦鏡

咸陽三月火，澄輝底許留。明心勞作證，豔影若為酬。詎有雲堪掩，休教花見羞。新糚未云晚，文君易白頭。

古劍

恩讎百年盡，閱世忽已深。為誰成勁草，聊與伴橫琴。竹帛當時夢，刀鐶此夜心。削葵非汝責，莫漫作龍吟。

疲馬

秋星黃欲墮，春草碧無情。飽食能銷骨，空槽試一鳴。識塗收效晚，守戶報恩輕。國殤如待裏，為爾盡餘生。

舊井

曾經照玉顏，涼月圓如故。轆轤類芳心，終朝未曾住。蒼苔橫石闌，桐葉委秋蠹。那得井邊人，嬌鬢不成素。

白鷺

蘆花如積雪，聊可託幽棲。辨鶴無丹頂，隨鴉惜素衣。波明閒對影，月黑見孤飛。征鴻勞問訊，所得是忘機。

寒缸

華燭翻垂淚，寒燈自作花。欣欣此中意，未足向君誇。送暖憐村酒，分光近紡車。心知竹窗外，冰柱在簷牙。

和陶詩五首

貧士

群鳥易得食，孤鳳難為棲。豈翳閟文采，空山乏華芝。徒藏富民術，待補南陔辭。枉尺獲所藉，膚寸終安施。君親尚弗易，矧復妻孥私。勗哉負薪子，慎勿生然疑。

乞食

朱戶迎朝陽，當關厭晨客。區區求一飽，恥並槐柳植。英雄昔亡命，日暮有饑色。農具幸無恙，何為去鄉國。承歡父母心，勞生天地德。行矣謝雞鶩，羈棲慎所擇。

獲稻

先人遺薄田，近在屋左側。今年暘雨時，早稻已可食。晨興聞飯香，婦子含喜色。一盂奉母前，是兒手中植。欣然為加餐，園蔬佐新摘。勞苦罔不酬，何為惜筋力。

獨飲

興來偶有詣，中道還自歸。急雨適飄灑，幸未沾我衣。山妻覺無緒，手自潔酒卮。林筍方抽芽，湖蓴亦牽絲。陶然成獨醉，身世忽若遺。宛宛雙寒鴉，天風謝高飛。

閒居

良辰愛重九，風雨亦復佳。菊苗蒔已久，欣然見花開。償遲願彌慰，欲速境屢乖。宋玉自多感，江淹徒費才。借問謝安石，中年何所哀。由來閒居意，不廑託深杯。

秋懷

夕昕秋月朗，朝昕秋風清。秋風一以吹，蕭槭難為情。舉世狃所習，矯枉何由平。驕人貧賤恥，得志盛滿傾。草木有榮落，金石無虧盈。五鼎苟弗媿，豈必希躬耕。

名士多悲秋，華年惜飄忽。遐哉李青蓮，獨覺秋氣逸。邁邁送時運，戚戚慮衰歇。貪生或求仙，畏死斯佞佛。虛空自恢廓，何由著膠漆。放眼觀千秋，努力答今日。

春鳥解催耕，秋蟲復勸織。農桑昔未創，端倪此焉測。祭義援八蠟，當先貓虎

食。因推生物心，庶用竭人力。征鴻爾何能，徒矜一丁識。為誰傳尺書，天風入雙翼。

枯楊何意態，偃蹇當高樓。其下一松樹，鬱鬱如潛蚪。未沐雨露恩，焉資梁棟求。朽株快斬伐，披雲豁雙眸。謂當萌芽怒，仍此顏色幽。凌霄終有時，媿爾忘恩讎。

秋雨適鄉夢，群蠅跡如埽。車聲何闐闐，依然破清曉。螘行若牛鬭，聰聽乃滋擾。不然蠻觸爭，誰辨壯與老。黃葉下蕭蕭，流泉鳴浩浩。借問山中人，何如長安道。

飛熒乘月晦，兩兩下疎林。流光相照耀，寧知秋已深。無煩驅除力，歲寒非爾任。但恐春草長，又或值愁霖。滋生一以繁，厤亂沾我襟。所以妬五陽，惕然畏初陰。

寂寂上公第，時假館衍聖公邸。朱門類空谷。斜日憑回闌，瘦影入深竹。炎塵尚飄黃，秋雨待轉綠。勁節固無恙，生意終已蹙。因之感蕉萃，誰與證幽獨。惘惘懷佳人，苔蘚阻芳躅。

市菊種秋院，粲然盈夕曛。慚無灌溉力，享此紛華陳。羈懷久枯槁，一醉酬芳晨。明年足春雨，菊苗應又新。殷勤期後客，毋使傷荆榛。桑下已三宿，奈此未來因。

下階見殘月，悽愴難為辭。心知團圞夕，及照芳華姿。虧盈信有常，風雨或間之。勛名本偶值，寧必副所期。營營既可哂，呫呫亦何為。識疎而志大，終令後世嗤。

宿昔別張翰，宛鄰。凌晨送丁儀。若士。日色未云薄，顧影忽凄凄。新交日以廣，故人日以離。還問何所迫，為此分道馳。平生偕隱約，虛願期堅持。毋悲境束縛，但恐心然疑。

除日簡趙五員外 學轍

三十六除日，年年膝下身。因誰生羽翼，來此閱冬春。味薄迎神酒，風高饋歲塵。唯應藏債帥，聊與共簫晨。

除夕洪大過宿寓齋

各有還鄉夢，相憐未倦時。鑪溫茶味釅，戶密燭痕遲。隔巷喧收債，殘香罷祭詩。不須商出處，下第是歸期。

崇百藥齋文集第七

熊耳集

抵永寧贈魏大令_襄

容易清宵共一燈，分明此景夢中曾。十年往事傷今昔，九死餘生付友朋。回首軟塵春有霧，關心宿草淚成冰。_{謂皋文、朗甫、傅永、叔枚。}與君且盡尊前話，多恐重逢更不勝。

七夕寄君淑君素君孚

開眉對新月，約伴拜雙星。因愁客窗雨，聊憶故園晴。阿母扶闌看，雛鬟喚酒行。荷香露中發，釵燄燭邊明。欲知誰得巧，侵曉試吳綾。

魏永寧署舍晤蔣四維時作

錢塘江水明於練，我飲春潮識君面。臨平古剎秋蕭森，我餐山翠知君心。當時風日特清妙，天與才情助年少。長紅小白一萬枝，總遜潘郎鏡中貌。君年差長氣轉豪，黃金白璧輕鴻毛。閒來為我買歌笑，醉眼但覺青天高。中丞_{謝蘊山丈。}移節蠻煙遠，方伯_{秦少司寇時權布政使。}旋歌歸緩緩。刺史_{蔣表兄重耀。}休官司馬_{華君瑞潢。}貧，湖船從此無絃笙。與君揮手向天涯，題句全昏壁上紗。已報瑤宮收芍藥，還聞石磴碎琵琶。花穠月滿堪愁絕，不待相思銷俠骨。十載重逢郟子城，征衫照眼都成雪。今年策馬度成皋，斗大山城晝寂寥。忽憶蘇公祠下讌，雪花尚作絳雲飄。君才自入循良傳，歎惜左車曾未戰。書生作吏骨仍仙，_{謂永寧。}借

箸知君有深祊。祗我心期媿昔賢，恩恩哀樂偪中年。昌黎將相知非分，司馬文章亦可憐。人生落莫元如寄，我意升天輸入地。定省依然膝下身，別離不墮尊前涕。故人早結歲寒盟，謂永寧。照我還挑舊短檠。回首已無家可戀，論心況與月同明。蕭蕭竹影圍深綠，似此官齋殊遠俗。與君便作故鄉看，各自胸中平五嶽。

小游仙

秘籍何因見玉清，紛紛下界說前生。從教偽譔雲英傳，豈有神仙更好名。

早向西池侍讌回，天廚珍饌費疑猜。雲芝瑤筍清寒甚，那有麒麟作脯來。

月輪天底雪光浮，隱隱輕寒上玉樓。擘取濃雲鋪作絮，笑他人世吉光裘。

上清蝌蚪讀無餘，卻向鮫宮錄異書。手摘星辰三百顆，小樓懸徧夜光珠。

無端飛語謗雙成，兒女閒情律最輕。不似人間刑法酷，樽前平視殺劉楨。

霓裳纔著又頻催，法曲琅函次第開。卻笑阿瞞誇作賊，幾曾偷去紫雲迴。

小住瑤臺第幾層，淮南妄語本無憑。罡風一扇銷凡骨，雞犬何因得上昇。

仙姝次第榜瑤京，玉箸金泥署小名。燕瘦環肥都下下，不應一笑便傾城。

聽說神方笑不禁，紛紛點石費招尋。天孫雙腕明如玉，袖底曾無纏臂金。

幻術虛傳石作糧，一般衣食費商量。吳孃寫韻無聊甚，擬乞人間辟穀方。

苕苕春信兩心知，不是銀河得報遲。倩徧錦鱗三萬六，更將何語寫相思。

玉旨初征協律郎，仙姝約伴看吟狂。麻姑不覺紅雙頰，指爪分明似妾長。

一例人天重少年，孫郎風骨最高騫。若教享得人間壽，玉貌何因到九天。

日星河嶽記來真，亦有凡禽雜鳳麟。若使神仙盡忠孝，左元仙伯又何人。

群仙遮莫乞元霜，第一豐容冠上方。見說新來收侍女，更從何處肖寒簧。

暇日臨趙文敏自書詩帖愛其句調清轉因和搗衣溪上二律屬有所作輒用其韻凡十二首

聞搗衣用元韻

早是傷離望遠天，客衣珍重待裝棉。淚經幾浣還如昨，線已重縫不似前。每到乍涼成悵惘，乞留殘月共嬋娟。郎當鈴語聽來慣，為爾臨風一泫然。

溪上用元韻

溪上游魚唼蓼花，溪邊雙鷺立平沙。牽蘿可待禁秋雨，弄扇應教感歲華。酒俠詩狂成往事，兒春婦織是誰家。一畦乞與無多地，願趁新霜餉晚瓜。

賈孝廉自湯陰來攜示岳忠武手書石刻用岳王墓韻書後

南朝父子痛生離，事較分羹更可危。未若孤臣埋碧血，尚留將種侍靈旗。高天從此讎同戴，大廈非關力不支。歌罷小重山一闋，知音自古有餘悲。

憶小元池仙館用城南山堂韻

珍重雙梧帶雨栽，紅欄曲曲碧雲隈。料量雪水先春貯，一半秋花向晚開。寫韻偶拋入獨坐，下簾長待燕歸來。分明爾許閒中意，不信離腸只九迴。

題亡友金庶常式玉遺集用雨華臺因至故人劉叔亮墓韻

繁漚回首碧波空，剩有才名在卷中。三月鶯花京國夢，一燈涕淚故人同。謂魏大令。恩恩遊興浮雲外，黯黯離情大道東。此日扶容零落盡，年年腸斷白蘋風。

君未識余，先以所著《白荷花賦》見寄。

金谷園再用雨華臺韻

憶昔繁華夢未空，晉家全盛卅年中。金甌旋共名園破，石友虛憐歸路同。豈有狂遊知日暮，尚留餘韻誤江東。劉琨亦是尊前客，獨聽雞聲向曉風。

北邙山用東陽八詠樓韻

萋萋衰草接斜暉，幾度登臨送大歸。故鬼可能成鶴去，亡王曾此逐熒飛。空煩薤露歌當哭，賸有松釵列作圍。我是鮮民餘一死，牛山無淚更沾衣。

有寄用海子上即事韻

天遣才多恨亦多，同岑其奈異苔何。倚樓便作凌雲想，點屐微聞對月歌。白練從教揮醉墨，碧筒親為摘新荷。浣紗溪畔三篙水，可許閒身託釣蓑。

讀樊南集祭令狐相公文有感用錢塘懷古韻

塵中何地著恩讎，掩卷無端感昔遊。高屐登山詩擬謝，清樽顧曲客疑周。狂蹤杜牧連宵記，別淚唐衢接海流。只恐更傷泉下意，蒿蓬已分一生愁。

聞劉編修請假用贈周景遠田師孟韻

照眼波光蕩客愁，關津歷歷愴前遊。此行便抵還鄉錦，往事真憐上水舟。茅屋年深應待補，玉堂地迴不宜秋。江村計日霜螯滿，百感橫胸醉亦休。

搗衣溪上二律一時和作甚多用春日言懷韻報謝諸君子

才如腰帶減來頻，多媿諸公句有神。本以孤吟消夜雨，恰分離思餉征人。傳書更喜長安近，謂阿劭，時客西安。飽飯都忘廉吏貧。謂魏永寧。只我悲秋渾易遣，禁持不奈是傷春。戲錢六丈。

題前秦錄三用雨華臺韻

鬼哭新平霸業空，大魚破浪十年中。奪吾景畧天何速，授汝龍驤事竟同。漫索家兄來鄴下，從教兒輩笑江東。謝公此日應高臥，閒殺淮南草木風。

和魏永寧消夏四詠

欹壺

秋花多病葉，盡日忍幽芳。賴汝作霖雨，因之生晚涼。略如潮有信，不礙月窺廊。試展青蒲坐，苔痕一徑蒼。

響竹

漫續憎蠅賦，聽雞誤好音。是誰攢碎玉，為我護幽琴。止棘銷讒口，彈蕉本素心。暑風吹未已，莫厭畫簾深。

蕉扇

苔苔辭故林，欸欸接蘭衿。誰唱留連曲，能傷宛轉心。長圓憐月魄，惜別驗桐陰。莫展王維畫，秋風已不禁。

荷籯

鄉思隨花發，伊人對影雙。弄珠憐曉露，累麴近春江。瓜擘迎涼讌，燈昏聽雨窗。可能留淺醉，引夢上歸艭。

久不得阿劭書時客西安

自我為鮮民，鄉夢輒易痁。纏縣一片心，舍汝更誰付。十日寄一書，要約亦已固。不厭書辭復，所恐郵筒誤。奈何匝月久，疏闊改常度。積思反生怨，經變每多怖。推簾看斜陽，此日復成故。

悼莊兵備振

中衰悲外氏，盛歲喪斯人。慈惠留三郡，蒼黃徧九嬪。病疑方藥誤，書尚墨痕新。塵世亦何樂，泉臺有二親。

聞蔣三知讓歿後母夫人尚留揚州愴然有作

春明送我君初病，己巳四月，晤君都下，已患喘，不能劇譚矣。苦說浮生日易斜。月地花天宜有劫，名場宦海兩無家。閉門何計麾紅袖，伏枕猶聞誦白華。腸斷秋江明似練，盡揩老眼望歸雅。

寄婦

風林無靜柯，逝水無回波。嗟哉再期喪，為日曾幾何。啟篋易舊衣，衣線平不頗。昔著侍母旁，着手千摩挲。辭母將出門，別淚霑滂沱。今汝故無恙，萬事成蹉跎。留汝殉遺體，裹骨歸山阿。

遺體母所愛，豈徒戒毀傷。內充在忠信，外飾惟文章。奄然腐草盡，曷驗世澤長。賴君述母誠，如我在母旁。時時勤拂濯，庶幾發幽光。

君雖異骨肉，母愛固維均。君性遠浮薄，亦漸習儉勤。煌煌我母訓，一一堪貞瑉。知艱行匪易，百善惟一真。母柩猶在堂，何殊侍晨昏。我謀營葬資，違禮傷哉貧。幸蒙故人諾，負土期來春。墓旁築茅屋，降鑒終兒身。

旌罰通幽明，厥柄天所持。奈何尼父聖，生死不並知。猗歟我顯妣，令德絕譽尤。神當返兜率，否即歸瑤池。所慮我與君，積咎淪泥犁。遺訓苟無負，承歡終有期。

得家書

三年重署平安字，乍見題封已斷腸。料得一燈昏似豆，寫書人坐繐幃旁。

喜雨和魏永寧

憐君農事已都諳，盼得山雲雨意含。一樣小窗人話舊，今宵簾影似江南。

賈太傅祠

斑斑清淚漬遺文，草草荒祠拜夕曛。聊以哀音酬正則，直留故事誤劉蕡。蠻鄉秋早萎芳杜，帝里天高隔暮雲。猶勝後來狂阮籍，窮途一哭更誰聞。

強項令祠

蟲書鬱鬱見蟠螭，一路看碑過偃師。卻向道旁懷酷吏，秋風長揖董宣祠。

過夾馬營作

倉猝黃袍事可知，他年燈影又傳疑。捧觴寧踐梁王約，納策難憑楊素辭。半壁江山還故物，一舟風雨送孤兒。何因天視明如許，尚有人間靖難師。

謝魏永寧饋藥

苦口知藥良，逆心期道適。故人回清矑，為我鑒肥瘠。我參住世諦，因探元冥宅。泯耳斯常淵，忘目乃生白。誰言志士懷，絕異小人戚。得喪苟未齊，哀樂各乘隙。悔遲悲前囂，悟來守今寂。無煩贈刀圭，行將壽金石。

禽言一首贈賈孝廉鵬

山城竹樹深復深，中有一雙辭巢禽。辭巢怪爾飛何急，我解禽言為禽泣。一禽將雛愁歲寒，一禽返哺頻驚翰。翰雖驚，不遑息。母待兒歸樂晚食，精衛空銜海邊石。丹山桐花掃無跡，老鳳清聲向春寂。顧謝天風入雙翼，恨不群雛輕一擲，化作游絲入空碧，禽言如此君努力。君不見鮮民身在心已朽，祿逮親存望吾友。

悼馮生

海上重經處，茫茫見白沙。琴薪烹紫鳳，山刃割朱霞。佛鏡層層幄，仙裙寸寸紗。陽春鎮如許，幾度泣唐花。

見說鴛鴦冢，先飛蛺蝶灰。寶函緘秘押，涼玉暈初偎。貝古含雞舌，珠還謝蚌胎。唯應徵月戶，為爾築泉臺。

題趙公子長庚遺集為蔣上舍學沂作趙新建人年十八

不隨俱化是殘編，鏡影難銷絕世妍。誰轉法輪循恨轍，自橫慧劍截流年。茫茫天畔無樓閣，隱隱秋墳有管絃。慰汝祝子千點淚，由來才鬼勝頑仙。

不寐作

秋衾奇暖似濃春，可待靈犀為闢塵。驗取捐除煩惱障，新來不厭柝聲頻。

牛角慵聽長夜怨，蕁羹都忘故鄉思。憑誰寫此無人態，春水閒鷗夢醒時。

黃粱熟後太無聊，天遣清心佇寂寥。一樣月明風露冷，當年曾是可憐宵。

懷荔生

小春七日即飛雪，此夜鄉心覺漸真。知爾綠暉橋畔路，衝泥買醉共何人。

十二月初九夜夢獨坐趙青州丈雲溪水榭作絕句一首醒後忘首二語枕上足成之並寄青州

畫樓三面接垂楊，夢裏春愁覺後長。西下夕陽東上月，雨絲五尺水中央。

崇百藥齋文集第八

伊闕訪碑集一

自永寧至洛陽道中作

明明鴻爪印天涯，一領青袍十斛沙。擬借秋燈續文賦，不如先德是年華。
細數平生國士知，義山賦手牧之詩。而今已悟才名累，祗覺山城作客宜。
春前燕語費商量，果喜簾櫳似故鄉。十二曲闌都惜別，不教攜去是斜陽。
試留夢影付他年，山到重遊便可憐。三折江波二分月，又添城郭暮雲邊。

棄婦篇

十三工織素，十四解相思。十五別阿母，遣嫁一何遲。繁星飾嬌鬢，旭日明羅
幃。時乘燕婉良，為歡信無期。頗聞東鄰女，空谷閟幽姿。相形感君意，使妾
難為辭。妾貌隨月滿，君心逐春移。始願異操作，積愛成愆尤。忽忽出後閣，
卻往別鄰姬。當子施衿日，是妾覆水時。寄言士君子，躁進徒爾為。

徐同年松官湖南學政被劾遣戍新疆相見洛下詩以送之

空言掃前代，實學昌皇清。嗟哉張夫子，惠言。邊主扶容城。李生兆洛。令劇縣，
案牘堆縱橫。得無妨故業，差喜蜚循聲。惟君職清暇，庶望著述成。持節浮沅
湘，芬芳擷荃蘅。奈何不自檢，涉此萬里程。塞外勘文籍，曷助考核精。頗怪
昌黎公，創論未可憑。三傳束高閣，何用窺遺經。因茲念遷客，愴然惜遠行。

恩讎薄張祿，憔悴卑屈平。君懷自磊落，無事虛丁寧。

得宛鄰先生書並所著送蔡大令鴻燮詩四章喜兩賢之果已定交而又憫其速別也作此報之並寄大令

得書諒足慰，矧與燮也知。奈何結新歡，亦此成乖離。知君篤氣誼，歲寒符所期。車裘尚思共，何論鼎與彝。薪木猶可懷，何論蕙與芝。不慮投分難，但恐別淚滋。以我薦賢意，誤君兩相思。

浮生寡恩怨，何用見吾真。好賢而嫉惡，黑白苦太分。比讀老氏書，戒我同其塵。識卑道彌廣，心死身乃存。電光所照見，妍醜何足云。庶幾委化日，脫然返無垠。

洛陽市上得漢鏡一枚付從孫誠應藏之並示以詩

客裏相看意有餘，嬰婉學語漸堪娛。時學作制舉文，漸有條理。願兒兩眼明如鏡，讀我生平未見書。

一歲音書盼阿循，性情不似舊來淳。人生婚宦知難免，照取兒時面目真。

別後二首

緘情向遙夕，涼露忽滿衣。豈不念蕉萃，矜持意轉非。橫波憶前朗，綺紈惜今稀。新蟾緣底瘦，不似暮雲肥。

逢君風雪裏，春顏向人開。時序本何常，客心自有哀。今宵好風月，孤影惜清輝。簟紋侵瘦骨，不奈玉山頹。

秋雨六韻

秋雨灑然至，涼意生羅衿。呼童下簾坐，展卷還撫琴。此時獨客懷，已作歲暮心。添香爐火燼，照影鏡光沈。即事多所拂，始知別恨深。猶恐旁人覺，時時一高吟。

晚霽七韻

雨歇意微鬱，緩步行莎汀。十日不涉園，蜀葵忽已零。警鶴迷藏影，窺窗放筆聲。石經雙坐暖，闌因待燕憑。本欲遣愁寂，翻茲百感生。追歡既成怨，撫序矧易更。誰能遲明月，分照此時情。

市上得銅器二種各賦一詩

古戈

中夜休長嘯，珠光已暗投。依人頹俠骨，啖汝乏讎頭。百戰楊無敵，平生馬少游。千秋渾易盡，辛苦豹皮留。

古鐶

早衰需藥物，得汝復何虞。卻問杜陵叟，真堪託命無。絕壁一藤瘦，嚴霜九節枯。香秔差易熟，為我毀丹爐。

相憐

自有天涯感，相憐亦偶然。誰知舊來意，難向別時捐。故壘愁歸燕，新寒咽暮蟬。長娥底心性，秋夜易成圓。

鄭大令敏質以古鏡見貽云秦時物也

空煩一炬燼阿房，故物依然出尚方。他日可能分鹿馬，此時猶與刻鸞凰。星芒曉避宮中影，七首寒侵柱上光。十二金仙休灑淚，更無人為感興亡。

孫秀才貽一古鏡文曰建安為賦一詩

中宮奩具倩誰收，回首興亡一鏡愁。照影乍驚三貴嬪，有星方字五諸侯。敢求故劍師前代，便鑄銅盤閱幾秋。除是洛川無恙在，採旄長見踏波遊。

又賦隋鏡

傳紅寫翠太忽忽，大業山河月影空。天子頭顱渾自笑，美人眉黛竟誰工。照來秘戲開唐殿，愁絕殘粧向虜宮。漫憶雷塘三尺土，青燐如雨落秋風。

別日

歡情成昨夢，別日復今朝。愁邊驚玉釧，空際聽璚簫。簟紋橫榻展，筠管近窗拋。還我懷中汝，當秋遣寂寥。

門人呂州倅又講暨魏炳然盧象南董麟經魏鳳詔四明經飲我於九龍臺席上作

龍門北望見高臺，卻話前遊共舉杯。野色千盤新雨後，炊煙百道暮雲開。何人更續名園記，顧我先慚作賦才。他日問奇休載酒，感秋容易玉山頹。

答魏洛陽並序

　　魏君以治獄留開封，五旬矣。書來，意有所諷，拳拳良厚。徒
以未宣鄙懷，乃至憂樂殊致，賦此答之。非敢多所文飾，將以遂明
天人同異之故。不覺其詞之放，亦所謂微君無以發吾之狂言也。

醇酒眾所嗜，致疾苦未知。澆花自抱甕，勤力乃共嘻。神仙有眷屬，豈事袵席
私。銀河阻良會，牛女長相思。情慾既殊感，勞逸夫何疑。古有灌園叟，樂之
不為疲。一一懸金鈴，時時拂蛛絲。愛護日益深，飄零詎忘悲。要其絕豔初，
固已副所期。百年何迢迢，為歡常苦遲。樗蒲及狗馬，稟性諒不移。君子遇以
神，皎月臨清池。小人溺其跡，荊棘生藩籬。好色非國風，姬姜亦行尸。於乎
天人界，判若雲與泥。放言答良規，逝將遊希夷。

幽蘭篇

幽蘭忽已零，百草有衰色。諒哉眾香祖，榮落係通塞。殷勤謝君子，厚意固
莫當。愛憎各乘時，貴賤詎有常。憶初託根誤，萋萋傍頹牆。無心妬桃李，
頗自矜芬芳。一朝被恩知，葉葉生輝光。一石百金易，一屏七寶裝。寧不感
殊遇，引退心傍徨。恐以今時寵，彌迴別日腸。秋風爾何來，殘暑浩如洗。
形跡當乖離，節序值遷徙。願減纏綿思，慎保金玉體。聚散若循環，大義結
終始。

明鏡篇

明鏡贈醜女，不若霾寒灰。寶劍貽懦夫，不如閟泉臺。奈何兩美合，復此恩情
乖。皎皎三秋月，婉婉雙蛾眉。向午曉粧竟，持照仍千迴。豔質一朝去，晝燭
虛光輝。綺窗及繡幌，朗朗無纖埃。撚帶看雲遠，分花記蘸迴。明明舊來影，
留取向春開。

團扇篇

團扇復團扇，秋別夏還見。殷勤藏篋笥，何因便成怨。迢迢山上雲，飄飄水面
萍。天生無根蒂，那有故鄉情。故鄉在何許，望遠空凝佇。底物滿平蕪，秋風
與秋雨。秋雨自年年，經旬緩綺絃。琴成君不禦，不若爨中煙。

浮名篇

處士盜虛譽，難見乃易捐。眾好不足憑，群疑當復然。吾慕柳下季，開懷納嬋

娟。此心寧求諒，終並日月懸。鄙哉魯男子，不恤終夜寒。浮名如鴻毛，君子行所安。

舊游篇

不經舊游地，如忘舊游人。朝來一徘徊，覺此魚鳥親。苔苔阻芳訊，淒淒惜良辰。我亦動歸思，飄作東西塵。河陽八九月，氣爽天如銀。繁英媚疎籬，春意同歡欣。還留好風日，待君顏色真。君來如復去，且莫轉雙輪。

望遠篇

蓮葉何離披，秋雨矧未歇。美人期不來，遙情阻天末。閒庭坐晚霽，素月流疎林。美人期不來，良宵倦幽尋。我有金鵲鏡，明矑兩相映。美人期不來，新粧為誰靚。我有綠綺琴，清含山水音。美人期不來，調苦韻易沈。繫君宛轉絲，佩我雙連環。要盟誠可渝，密誓忽已寒。安用錦字書，殷勤勸加餐。朝出採文無，夜夢撫刀鐶。終因南飛鳥，望君生羽翰。

聽雨

聽雨簾櫳燭易昏，最矜嚴處見溫存。胸前寶鈿嬌難解，膝上香羅綴有痕。淺暈頻教羞妬眼，莊言特與護消魂。別來偏是多高會，獨看蘭釭盡一樽。

題外兄莊君存畫松

司馬當年悵漢潯，樹猶如此我何任。即今老榦渾無恙，誰與同參歲暮心。

詠春潮和董十九士錫

春來病緒太纏綿，慵聽枚生發七篇。夢裏吳船輕似葉，望中越女遠如仙。歸心浩蕩隨千里，舊約因循又一年。多事錢王排萬弩，香車已到六橋邊。

再賦秋潮

垂手分明見倚樓，白蘋紅蓼畫中秋。可容打槳迎桃葉，苦憶題牋字莫愁。芳訊那教憑斷雁，舊盟真愧負閒鷗。申江風雨錢江月，不信篷窗是夢遊。

對影

對影由來最可憐，簾波垂處隔人天。綠雲香重團成雨，寶釧聲輕觸似絃。已分

秋心託芳草，悔將靈藥駐華年。銀河水比瑤池淺，十萬何因借聘錢。

案頭供菊一本花殘移置庭中愴然有作

覆水蘼蕪曲，斜陽薜荔牆。陽關不在遠，一步斷人腸。乍失燈前影，難成病後粧。清寒今夜月，淒絕舊霓裳。

花鈴行

董生遺我護花鈴，屬我試作花鈴行。洛陽園林甲天下，為汝懷古生遙情。金谷蕪穢污山靈，金銀氣掩蟾蜍清。美人碧血春風腥，併入花霧吹冥冥。憐汝無力敲冬丁，宜壽二字誰所銘。得母閑居賦始成，誼取奉母祈遐齡。烏稗弱枝交蔥青，三桃二柰紛晶瑩。賴汝繁響驚雛鶯，惜哉養拙辭匪誠。同歸有纖鴻毛輕，此時風雨方縱橫。鈴聲郎當安可聽，或如瓦碎如沙崩。疇拾遺物悲飄零，不然元魏崇禪燈。東有景樂西永寧，瑤光奪瑁門晝扃。琪花寶樹窮山經，枝上一一懸瓏玲。介朱一炬光熒熒，無復香雨飄三乘。膏血化作飛灰傾，佛救不得涕滿膺。更於何處潛汝形，獨樂寒儉無池亭。安樂一窩草滿庭，無所用汝搖春晴。庶幾平泉唯德馨，孤寒八百來斯迎。公門陰陰桃李盈，芬芳雜佩荃蘭蘅。含響畢達鍾磬笙，餘愛及物心叮嚀。安得萬樹無落英，公時花下斟綠醽。欣然聽汝相和鳴，果爾寶汝逾瑤瓊。忽聞鈴語空中鷹，恍若嗚咽思前生。倘公重來相虞廷，用汝譜入簫韶聲。

魏大生日小飲有作

相顧欣然懷抱開，天涯兄弟此銜杯。燕郊裘敝衝寒去，潞水舟輕載夢回。元白才名渾一噱，應劉交誼有餘哀。期君早踐歸田約，十月江南已放梅。

有贈

一樽珍重慰塵勞，卻話嬉春感二毛。臨潁美人新劍器，潯陽商婦舊檀槽。山容半掩文君黛，草色全衰庾信袍。如此天涯能共醉，也應有夢到江臯。

代人留別

抱琴遠相詣，箏篴有競聲。勸我早還山，君淚忽滿膺。託業悔殊俗，貶道羞希榮。誰能啟聾瞶，為我聽和平。君無薦士權，好晦識曲名。淫哇方聒耳，謬賞隨賓朋。違心我所諒，割愛君匪輕。行矣會面難，慎保中歲情。

別怨

絮亂花繁淚暗揮，嬉春可奈素心違。蛾眉肯讓情原薄，燕壘雖空夢亦歸。幾度蘭膏羞卻扇，強留香篆待披帷。高樓西北分明在，且任浮雲四面圍。

有憶

空閨情緒太惺忪，昨夜分明見落紅。腸斷畫樓西畔路，曉風吹夢已無蹤。

蘭氣撩人乍有無，目成剛趁月模糊。如花嬌靨如蓬鬢，絕妙瓜棚夜話圖。

水田衣惹落花紅，擬託微波語未通。忽憶梁溪舟一葉，倚帆愁聽上方鐘。

董十九寄贈金鵲鏡即事成詠

潘鬢星星奈鏡何，望中夢影未全訛。春顏似雪嬌難撫，寶淚如珠灑不多。隱隱添香窺拜月，明明扶檻見迴波。而今但祝新巢穩，莫趁填橋又渡河。

答董十九

闌干一角費思量，草長苔濃易夕陽。賴有傷心堪度日，早因損肺罷焚香。簾吹淺浪橫金索，墨贖殘丸黦玉牀。珍重雕籠鸚鵡在，伴人話舊到昏黃。

詠史

月暗田蚡宅，風高王濬舟。且須防反側，切莫快恩讎。裨將懸金印，群才仰大裘。似聞憂盛滿，罷索魏齊頭。

送鴈

空庭見徵鴈，杳杳帶雲飛。我亦反哺鳥，殘年何所歸。稻粱行處少，毛羽向人非。送汝衝寒去，蒼茫天四圍。

武后自書夜讌詩墨蹟

一代家規視開國，大業宮人進裴寂。太宗復亂巢刺妃，從此牆茨埽不得。賭棋甫奪昌宗裘，三思旋點雙陸籌。宏農樂府歌得寶，新臺魚網蜚鴻愁。此時宣華謗聲止，未料興朝亦為此。隋唐德失事偶然，況有寶兒能烈死。蕭孃一賦傳千春，此嫗翰墨尤絕倫。更衣倘使殉貞觀，惋惜奚翅王明君。煌煌萬歲通天字，天假長年竟何意。若論剖決萬幾才，孱子誠難付神器。春燈張樂樂何如，為問梁公侍宴無。凄絕房州一片月，夜深流影照皇都。

游仙曲為陳九若欽作

蘭膏欲爐金蟲茁，秋士槭愁艷思發。一聲誰擊西盈鐘，手弄鮫珠朗於月。熒熒釵毿明堆鴉，湘江乍縠紋猶斜。明姿灼若兩菡萏，不著片葉風前遮。此時吟魂杳天外，非喜非驚亦非愛。通辭何計託微波，望斷香羅去時帶。重逢敢盼隔宵期，從此人天那可知。不信金蓮生步步，未教銀燭刻遲遲。蕭郎內視神初定，三生舊約分明証。綠綺羞調嬌女琴，玉臺漫獻髯奴鏡。隱隱窗紗欲曙天，來時荏苒去遷延。乍來好夢初離影，如此良宵絕可憐。虛傳樂府麗狐曲，牆東人本清如玉。我亦疎狂署謫仙，上清書記披香讀。絕倒方平五百鞭，麻姑一別又經年。片帆遙指津門路，流水蒼茫起暮煙。

偕子宋小松申甫祭詩因寄彭城君

傳徧東山詠雪辭，一家婦女盡能詩。近憐道韞吟懷減，卻使秦嘉得報遲。草草華年成底事，團團陳跡費追思。可憐各有千秋想，金鑄塵埋兩不知。

寄屠二湘

憶送輕帆滬水濱，河陽小住又經春。三年薄宦憐名士，一騎啼妝託美人。謝女樓前花作雪，崔公墓上草如茵。旁觀耐煞遙天月，舊恨新愁滿玉輪。

哭周主簿為漢

半生懷抱向誰開，如此人間信可哀。作賦且教天上去，不知果否有樓臺。

春夜被酒得句輒書

倦吹筠管罷調絃，不信花枝妬獨眠。聽盡喁喁窗下語，祇應明月見猶憐。
說偈譚經總費才，由來明鏡本無臺。者番度卻雙棲蝶，香夢如雲喚不回。
珍重新詞唱柳枝，分明煙裏見絲絲。美人心死君王妬，俊殺周郎是此時。
誰遣匆匆細馬馱，回鞭隱約見橫波。劉郎枉受風流譴，羅襪塵生奈妾何。
絕憶山城早放衙，樽前薄醉帽簷斜。春泥只種三珠樹，壓倒潘郎一縣花。
桑陰如幄聽傳呼，煮鶴焚琴事有無。我覺使君終解事，不曾陌上怒羅敷。
花月分明待舉杯，可知行樂亦須才。青山底事愁如許，一片濃雲埽不開。
銀河為帶月為環，如此年華鬢易斑。乞取胡椒三百斛，盡驅雞犬制還丹。
臨卭客緒太無聊，解穢花奴語最豪。我是東鄰狂阮籍，不曾辛苦學勾挑。

一樽邀與話離愁，山色湖光感昔遊。剖盡木奴三萬顆，更無人憶洞庭舟。

春衫無計浣緇塵，遊戲還應見性真。不奈菱花鏡中影，輕顰淺笑鎮隨人。

英雄兒女總關情，半是秦聲半鄭聲。一樣中年絲竹癖，不煩心苦為分明。

見說春生細柳營，輕紅小白試新晴。健兒不待將軍令，破曉先飛一騎迎。

燭暗香殘淚滿襟，琵琶絃急動哀音。郎君漫打黃金彈，此是天涯反哺禽。

忽忽拚試別魂消，生小蓬門近灞橋。七尺生紅親手繫，暗中且得抱郎腰。

了了山容見藐姑，恨無人寫洛神圖。烏他親手緘封去，仿髴還應記雪膚。

為誰繡徧柳絲裙，說與天孫聞未聞。那不留將瓊玉酒，迴車來奠信陵墳。

獨立蒼茫自詠詩，杜句。〔註1〕由來宋玉有微詞。不妨誤我飛昇去，口孽生平懺已遲。

碧月

碧月復窺戶，消然庭院深。似忘何處約，難解此時心。燕豈聞長歎，蟬疑和獨吟。丁寧合歡枕，好夢倘重尋。

引鳳謠

桐花開，鳳徘徊。桐花落，鳳寂寞。待鳳來，登高臺。鳳不來，朝雲頹。待鳳來，坐深苑。鳳不來，月輪遠。待鳳來，倚修竹。鳳不來，春衫薄。待鳳來，傍疎林。鳳不來，秋霜侵。鳳不來，洞簫罷。雨瀟瀟，阻仙駕。鳳不來，朱絃停。風搖搖，敂玉扃。鳳不來，在何許。夢見之，刷翠羽。鳳不來，來何時。夢見之，飄雲旋。紫霞杯，駐君顏。鳳不來，金漿寒。黃金印，繫君肘。鳳不來，解雙綬。塵黯黯，車輪轉。鳳歸來，路迂緩。波淼淼，錦帆張。鳳歸來，水阻長。引鳳謠，知音稀。君為我，吹參差。蜂與蝶，雙雙棲。鳳歸來，君知之。

後引鳳謠並序

　　　　客有讀余《引鳳謠》而善之者，告余以所隱，固請復之，輒為賦此。

鳳兮歸來，空山不可以久處兮。木客一足，學人語兮。鳳兮歸來，荒城不可以

〔註1〕《樂遊園歌》。

久居兮。封狐無偶，求與俱兮。鳳兮歸來，有奕奕之紫芝與涓涓之玉露。羌舍此而遠適兮，疑主人之汝忤。使見幾而遽作兮，胡含意而未訴。夫果覽德輝而來下兮，何所不可諒而逢怒。寧不能持裙以留仙兮，妨就新而去故。姑嘗子以離別兮，將伶俜而自悟。既數日而猶未返兮，匪徘徊於中路。凡前言之所警兮，誠子心之有怖。豈文采之殊絕兮，亦塵埃之易污。鳳兮歸來，予逝與子游西池而證道兮，託慈雲之永護。如已合而終乖兮，曷眾中之一顧。願待子以終古兮，謝同群於鷗鷺。

崇百藥齋文集第九

伊闕訪碑集二

銷夏漫輿

朝涼如晚春，暮涼如早秋。氣候豈雲異，人心有歡愁。飛光不惜別，寸陰難可留。子慮來日難，曷視去日遒。今子不為樂，緣霜行上頭。所悲樂意淺，未足娛我憂。洞庭作醇酒，與子築糟邱。

行樂亦何常，浮生有通塞。荷衣及絺繡，各從體所適。賤士負經濟，熱官慕泉石。反脣必兩窮，違心類深癖。一客傾耳聽，微笑君豈識。

宏農既得寶，江妃寵日移。競退本殊志，匪由顏色衰。永巷晝岑寂，撫序傷長離。爭憐詎無術，媿負絕世姿。義命苟自安，一決無然疑。世人貴苟得，銳進不為疲。不逢山下鬼，誰悟冶容非。

哭伍堯祭酒並寄吳博士嵩梁

浮生許寥廓，復喪一知己。豈惟知己悲，善人國之紀。詩龕方丈地，中集百君子。使我交道廣，握手及萬里。木葉當秋風，飄零自今始。南宮初下第，謁公顏不舒。公為設長筵，悉召窮者徒。乍聞譚娓娓，旋聽歌烏烏。此時得喪齊，浩然見真吾。公乃從容言，浮榮信區區。千秋有絕業，大道無窮途。公今不可作，遂恐氣類孤。嗟哉二三子，聚散復何如。

握手

握手忘吾憊，羈懷付汝憐。頻番悲小別，一笑駐華年。絕調朱絃斷，歸心白髮牽。向來商去住，媿贈繞朝鞭。

為喜元方至，因之憶季方。拋余成獨坐，置汝復誰旁。曉鏡憐潘鬢，秋衾冷鄂香。未須申后約，且夕束歸裝。

每魏大他出余輒有所苦如是屢矣頃以引對入都又大患下血詩以遲之

離君便爾病纏縣，未必都緣別緒牽。熱血多人原一斗，麻衣脫體又三年。金丹漫擬求王母，玉貌何堪認仲連。卻對秋風成獨笑，可能吹起藥鑪煙。

燕羽

西風燕羽感差池，稍定新巢慰我思。細語共誰通夜坐，重逢已誤隔年期。竟拋玉軫從人惜，待制荷衣為汝遲。只是病懷難遣處，秋陰黯黯鬢絲絲。

蔣大學沂書至云家弟芝田自武昌入都方送周二為漢作粵中之遊傳其死者誤也狂喜有作

一笑冠纓絕，坡公竟尚存。人才今有幾，天道尚堪論。文織蠻雲豔，名偕古佛尊。翻憐前夜夢，相見是生魂。

送鶴篇

天蒼蒼兮四垂，雲澹澹兮低飛。獨裹裹於空庭兮，見孤花之自開。鶴之來兮何許，匪蓬山兮無侶。歷九州兮擇主，乍塵中兮遇汝。寂歷兮茆廬，風蕭蕭兮四隅。果有志於乘軒兮，胡鬱鬱其久居。知雞鶩之爭食兮，非汝心之所樂。念骨相之清麗兮，何朱門之可託。雨淫淫兮水深，沾別淚兮盈襟。鶴歸來兮故林，浸太清兮初心。

詆鸚鵡並序

陳將軍蓄鸚鵡二，皆不能言。戲請詆之，作此。

隴山有珍禽，是名曰鸚鵡。元裳而翠衣，毛羽頗楚楚。飼汝選綺食，攜汝上瑤階。庶幾吾舌在，佇聽卿言佳。蓄汝不能言，不如一布穀。聲聲勸春耕，使我田禾熟。蓄汝不能言，不如一促織。繁音警嬾婦，中宵勤紛績。蓄汝不能言，不如籠中雞。食君竈下粟，為君向曉啼。蓄汝不能言，不如枝上蜩。快然鼓雙

翼，樹古秋雲高。出亦不聞聲，入亦不聞聲。啄餘香稻粒，狼籍盈中庭。花既不解語，石亦無所憑。坐令琴樽地，寂歷如荒塍。客過黃鶴磯，寄謝禰處士。願反金人銘，一雪仗馬恥。

得劉大嗣富書書後

翦燭幾回看，茫茫集百端。雲飛歌袖散，月盡夜珠寒。門巷無歸燕，神仙誤彩鸞。申江不化淚，一慟盡情難。

採菱

淼淼橫塘水，浮花奈爾何。根從牽宛轉，心已厭風波。畫檻垂紈扇，斜陽發櫂歌。誰家鑄明鏡，微步見湘娥。

攜手

河陽今夜月，攜手若為歡。人恐乘風去，庭疑積雪寒。留仙裙半縐，倚幌淚初乾。不信狂塵裏，幽輝一例看。

連日得汪主簿治安書及詩戲答

為有汪倫河畔住，秋風一鴈不停飛。尊彝到眼輕秦漢，環燕關心問瘦肥。戒我露濃耽夜坐，知君歲儉忍朝饑。只嫌醉墨欹斜甚，欲和妃豨是也非。

秋夜與錢六丈各有所夢哭而醒枕上作此因寄彭城君

鄉思分明赴早秋，天涯各有淚雙流。三年燈火離人影，一葉蒲帆下水舟。鏡裏朱顏憐瘦損，盤中錦字怨沉浮。何時重讌東山雪，柳絮因風句再酬。

前詩六丈暨申甫俱有和章代彭城君書後

讓棗爭梨事有無，池塘夢遠草痕蕪。卅年族望凋王謝，一代才名重李盧。可信晚成能玉汝，漸荒幼學愧從姑。浣青詩社鳴秋集，珍重家風手共扶。乾隆間一門叔父於文敏公邸第結浣青吟社，後竹初從祖崔丈曼亭觀察冠之姑母，又刊倡和詩一帙，曰《鳴秋合籍》。

魏大書至知還洛有日先寄一詩

少年虛譽動公卿，老我頹唐託友生。驗取別來歡緒減，曉鐘殘燭故鄉情。

聞婉清將至

早秋天氣未全涼，勞汝渾河一葦杭。藥榜已題猶待揭，梅林遙指便聞香。乍憐風日朝來好，料得腰肢別後長。正是去年相送候，藥鑪無恙鬢添霜。

婉清至

殷勤手為拂征塵，顏色依然向我真。久雨簾櫳初見月，苦寒庭院乍逢春。教看衫袖斑斑淚，細數書箋六六鱗。爾許離懷拚一訴，可憐何計更憐人。

簡魏洛陽

故人如黃葉，飄零各天涯。何圖我與君，嫵婉閱歲華。窮達固偶然，倚汝慚蒹葭。感汝適客心，我樂不憶家。頃者逢秋陰，雨腳紛如麻。身逸意轉勞，去住成諮嗟。因君河陽樹，念我籬邊花。

孫郎讓。需次久，治劇宜所憂。助理迎故人，相約臨淮舟。我間忽惆悵，浩然懷故丘。賈生愛我篤，為我借箸籌。山妻期弄璋，弱女已相攸。安得如生言，一決不再謀。

曰歸豈不樂，欲行復遲遲。倘亦得一官，相聚知何時。君仕垂十年，羌無買山貲。前車既如此，後轍行可知。不如歸臥好，樂歲聊忍饑。

答魏洛陽

隱谷一花發，河陽空萬樹。榮落在春風，安能諉時數。

附元韻

庭前一株桃，雨中開滿樹。風日轉晴和，落花已無數。

再答魏洛陽

春禽競朝陽，秋林有倦翼。靜躁君自知，天風豈無力。

附元韻

春來如學繡，春去似歸翼。未到百花殘，東風已無力。

寄趙新安晶

絕倒泉唐趙倚樓，天涯何處有菟裘。祇應水竹關清夢，信得蓬瀛是舊游。玉塵

旁揮人曠代，璚簫低按月橫秋。塵中我亦矜仙骨，待挈雙成跨碧蚪。

蔣四維時竹坪圖

饑驅三十載，歸志苦未就。瀟瀟數竿竹，空復令君瘦。椎髻梁鴻妻，蕭然坐清晝。忽覺非故鄉，艱哉一椽購。何時共牽蘿，輕寒護雙袖。無竹君思歸，有竹我為客。空谷懷佳人，玉顏恐非昔。昨者得一書，開緘有慚色。瑤筍三抽芽，漸覺花徑窄。遲君手共刪，亭亭出奇石。生年已如許，寧未壹通塞。敝矣季子裘，歸哉繞朝策。

哭同年劉永寧厚基

秋初與君別，對酒顏不歡。君言即相見，手指月再圓。赴至一驚絕，轉念疑訛傳。君貌本豐下，君骨尤巑岏。庶幾同巢禽，見此一鶚搏。為善不蒙福，禍淫復何權。排閽杳難問，萬事付偶然。

傲骨胡可矜，閒情信為累。咄哉強項吏，乃下鄂君拜。長官噴有言，跌盪意彌快。元忠方飲酒，僕射非所愛。我從競進塲，旁觀賞獨退。甫傾一寸心，償茲萬行淚。既傷歸骨遠，兼痛遺經廢。君無子。默然視移陰，獨坐若夢寐。

苦雨

節近重陽客憶家，閒庭風雨鎮橫斜。明朝暫放新晴否，留住秋塍蕎麥花。

徐新安秉懿以生平所為詩三千餘首屬為點定未卒業而赴至愴然有作

前日得君書，開函墨華豔。裁報我稍遲，已作墓門劍。人生石火光，即事得明驗。奈何挾奢願，輒擬福慧兼。君年雖甫艾，世味知已饜。造物逸君死，快若別荒店。而我學道晚，情根苦難懺。豈惟逝者悲，惻愴行自念。

富貴不終恃，文字始有權。君之於為詩，庶幾勤且專。洋洋數萬言，寧乏片語傳。世人惜恒榦，靈氣固已捐。還將千秋業，慰君百年怨。

寶劍篇

寶劍寶劍無纖塵，寒冰三尺驕陽春。主人持贈意珍重，惜我恩讎兩無用。牀頭一繫二十年，往往因風欲飛動。劍乎酹汝酒一梧，一人之敵胡為哉？吾將毀汝鑄作硯，恐著刑書工鍛鍊。不然規汝作洞簫，嘄殺豈足諧咸韶。一師之傳不同志，一山之金不同器。若論生質溯厥初，刀戟鋤犂亦何異。還君寶劍勿贈人，

吁嗟劒術久失真。

憫雨和魏洛陽裹

夏麥既遭旱,秋谷思禦冬。愆陽變伏陰,酷虐將毋同。讀君憫農詩,哀音葉蜚鴻。我雖此為客,飽食期年豐。此時江以南,早稻已就辈。北地拙耕作,暘雨貪天功。溝洫誰所廢,蓄泄兩易窮。區區補救力,徒恃倉廩充。今年罷轉漕,官儲亦九空。洊饑事恒有,何術資彌縫。惟茲痌瘝念,庶幾格蒼穹。人事安可知,天聽則已聰。

附元作

我官斯土,曷不念民。失所雩禱,得旱祈晴。得雨何以,對此困阨。民寒不敢衣絮,飢不敢食黍,誓同死生不言苦。嗟哉此何語。爾即凍餓而死,豈惟不足惜,豈但無所補。小民怨汝詈汝,天子付爾以此。民豐年責爾富教,凶年責爾安撫,食爾以厚稝,衣爾以繡黼。盡爾心之所能至,竭爾力之所能舉。誠與偽,天心知,嗟哉爾今作何語。

久雨乍晴適申甫自宜陽至同步郊外因寄彭城君

青山乍見若故人,別來彌覺顏色真。又如思婦病初起,捲簾忽覩晨妝新。重重接芳草,曖曖連晴雲。秋林不著一黃葉,濃青淺碧細意皴出江南春。錢郎玉貌女孃似,山容嫵媚還如君。故園都作幾年別,鄉味漸欲忘鱸蓴。行將築室傍笠澤,山靈識是天隨孫。坐攬雲鬟霧鬢七十二,安用裹糧五嶽勞雙輪。新詩贈君作息壤,相視莫逆情歡欣。更書一紙寄道韞,且教暫展眉間顰。

子夜歌

妾賦凝塵怨,郎續歡聞歌。歡情與別意,持較定誰多。

邀郎共奕碁,賭取合歡橘。不喜儂碁勝,喜與郎雙活。

玫瑰蒸作露,紅徹紫霞觴。郎自愛顏色,妾自惜芬芳。

專城亦何好,愁雨復愁風。披帷望朝日,快若初見儂。

袖出衍波箋,索郎作狂草。儂不識草書,但覺草書好。

聞郎誇妾美,妾意不敢當。轉因鄰女妬,始信貌無雙。

嗔郎耽夜坐,獨倚合歡牀。不知今夜月,清輝底許長。

手書唐韻本，珍重待郎吟。郎吟妾忘倦，不必是知音。

妾愛秋菡萏，郎愛春薔薇。薔薇高出屋，花落傍誰飛。

挑燈理吳棉，裝作合歡被。厚薄儂不言，冷暖郎自試。

阿孃喚女去，定復永今夕。郎欲儂歸來，早商接儂策。

憶儂初見郎，恃愛如欲進。翻因郎見喚，含羞未成應。

郎說連環好，連環放不平。唯應互纏臂，雙坐復雙行。

儂留共歡笑，郎自獨沉吟。此時明月上，何事不關心。

宿昔共郎奕，手自界烏絲。但留空局在，相見應有棋。

附同作　錢相初申甫

秋風何太早，拋卻齊紈扇。倘憶相逢時，執此與郎見。

碧葉何田田，尋蓮復等藕。蓮薏在妾心，蓮花在郎口。

郎如江上雲，妾似江頭水。雲從江上來，照在儂心裏。

珍珠拋百琲，不是掌中身。目成偏汝獨，豔殺滿堂人。

莫灑相思淚，淚浥土花透。多恐畫闌前，經春發紅豆。

字妾雙清子，吟成付妾歌。歌時識郎意，強半為儂多。

送陳參鎮弼帶兵赴滑縣

饑民聚為盜，其志在得食。君今雖往勦，慎勿恣攻擊。君昔在楚蜀，力戰著偉績。頗聞好奇計，是皆臨大敵。秋霖乘夏旱，蚨鴻遍河北。民間鮮蓋藏，求活出下策。得無親民吏，撫卹猝未力。否或懲探囊，操之為已迫。天災復官刑，生命更誰惜。誠知為亂誅，且冀延旦夕。軍門下急符，靖變固君職。奮然投袂起，士氣一當百。嗚嗚畫角聲，湛湛佩刀色。我來送君行，吉語異眾客。不願官職遷，但祝盜魁獲。脅從罔屠戮，寬大安反側。曲突誠後時，揭竿未為劇。期君匝月還，飲我盡一石。

聞滑令被難賊據大伾山勢頗劇再寄陳參鎮

貝州縛王則，海上殲孫恩。彼雖處僻陋，近事寧弗聞。果因迫飢寒，暫欲求饔飧。振廩有明詔，有司敢逡巡。曷不忍殘喘，共沐天子仁。乃知慈悲法，不度泥犁魂。嗟哉復何言，努力除荊榛。

寄崔公子曾益

待誰疎越聽朱絃，絕調唯應卓女憐。報我瑤牋盈十幅，滯人翟茀又三年。遠山是處逢眉黛，有客經秋飽玉延。賢兄曾震嘗一應順天鄉舉，不終試而歸。今杜門養痾，有終焉之志。差喜一鞭歸騎速，不煩重賦帝京篇。

賊攻浚縣甚急董三敏善飛書相慰意頗閑暇卻寄一詩

烽火連天一鴈飛，書生作健似君稀。不知今夜圍城月，幾許新霜上鐵衣。

陳參鎮書至云自石羊村接仗三捷解浚縣之圍大帥奏請加巴圖魯名號喜而有作

為君燒燭製鐃歌，四座相看俠思多。帀地秋聲歸畫角，極天霜色擁彤戈。將軍舊績符離塞，壯士新銜曳落河。我亦將家身手健，詩成索酒酹橫磨。

寄吳二堦

> 得吳二書，知金鄉教匪與定陶曹滑約同日起事。君抵任，即以風聞達上官，預籌守禦，旋鉤致四十餘賊，訊得九月十五日潛入禁城之謀。同官群譁之，賴撫部不為動，遽以上聞。已而他縣變起失守，金鄉獲全。

單車入境靖妖氛，事定須論曲突勳。磨劍十年今小試，謗書一篋幸全焚。豈容流彗侵薇座，果見前山起怪雲。亦有故人能罵賊，謂曹令姚君。可憐功過已平分。

送黃甥昌慈歸里時河北賊未平東南並有河患

傳聞風鶴鎮心驚，快馬輕刀送汝行。衛滑烽煙連曙色，江淮波浪湧秋聲。尺書早報平安字，兩地都牽去住情。寄語女須相見日，最圓明月照歸程。

吳表兄星萃客曹令姚君曹民為亂同及於難詩以哭之

年年遼海淚，和血染青袍。殉友情何烈，捐軀義甚高。屍殘無馬革，命賤委鴻毛。兵解或仙去，知余奠濁醪。

寄陳總戎廣寧時大破賊於定陶

寶馬來青海，盤龍見白袍。先靈遺恨補，君先人死難臺灣。詞客戰功高。孤嶺一山雪，錢江八月濤。司農伯元夫子。門下士，懷舊我心勞。

書事八首

罪己頒明詔，求言達聖聰。草茆猶灑涕，燮理竟何功。列戟慚勳舊，懸輿保始終。至尊憂社稷，先望輔臣同。

禁樹纏兵氣，驚雷接礟聲。北門誰臥護，左道輒橫行。鉤結連三輔，駢誅徹六更。多慚蔡州賊，不忌武元衡。

風鶴傳虛警，詞臣氣最豪。面無先軫冑，靴有李公刀。禁疏兼司隸，酬庸長水曹。且當勤吏事，玉尺未須操。

已報收張角，還聞據貝州。暫憑高壘險，早慰杞人憂。奏捷懲誇飾，乘機戒逗遛。宵衣勞睿慮，太傅漫輕裘。

道左迎裴相，功高度轉饒。兼程馳閃電，輕騎截橫橋。馬策揮何壯，軍容寂不囂。秦師天下勁，滅滑企崇朝。

刀光如潑水，單騎令公來。賊帥仍奴畜，夫人亦將才。舊勛青史在，新句錦囊開。拭目楊無敵，長河飲馬回。

稍喜真源令，雍邱起義旗。危城方待救，土練不須疑。險自誅良吏，兼防濟敵師。誰吹都護曲，恐誤凱歌遲。

邪說何因煽，年飢迫歲寒。此曹寧習戰，聖意幸從寬。及早黃巾棄，還將赤子看。田盧無恙在，努力計晨餐。

哭莊同州逵吉

臨平水閣秣陵舟，傷別傷春感昔遊。尚有浮生千點淚，載君歸骨到江頭。

哭伯鴻慟甚因追憶令弟叔枚

小山堂外雨潺潺，酒冷香消話未闌。永夜夢迴思往事，錯疑君尚在人間。

冬夜夢迴枕上有作

紙窗明四角，曉月已如煙。小炷戀遙夕，孤衾束獨眠。疏憐更柝倦，寒覺枕函偏。記取客中意，深宵話往年。

三度

三度彫年奈別離，而今真與訂歸期。人生最是重逢好，莫似鴛鴦總不知。

獨坐遲魏洛陽

涼月豔如此，人疑在玉壺。高眠雙燕熟，清響一蟲孤。積潦通車未，荒田種麥無。因君于役苦，我亦念蒓鱸。

對雪寄彭城君

未覺歲雲暮，寧知雪已深。蘆花征雁影，芋火故鄉心。謝客才應減，潘郎髩易侵。東山今寂寞，回首憶聯吟。

懷三姊

> 三姊蔣宜人既寡，困甚，從子方增官臨川丞，將往依之。於是姊年六十有九，多病衰矣。余客遊洛下，深恨不獲諫阻。夜夢與姊相持泣，覺後尤惡之。枕上作此詩，聊當書門大吉云爾。

乍聞扶病豫章行，不覺雙皆淚已盈。未必卑官能潔養，可堪莫齒更孤征。閒中誰與消長晝，夢裏猶聽喚小名。除是江神能念舊，歸舟早送一帆輕。裴文達公相傳為江神，既先君子同榜進士，又姊舅侍御君執友，故禱及之。

崇百藥齋文集第十

蕭寺養疴集

袁大令通倉山話月卷子

隨園憶別十三載，此日披圖淚滿衣。一榜科名前輩盡，通家兄弟訂交稀。先君子戊午、己未同年皆已下世。即通家子姪梁山舟學士而外，亦零落殆盡。與余年相若者，獨君兄弟及盧抱經先生兩公子耳。情操共有餘慶在，薄宦誰憐夙願非。容易天涯重握手，可堪鴈序又分飛。

周教授濟自山東寄示近詩書後

不見周郎又五年，卻從客裏聽朱絃。此才竟以詩人老，記事聊同野史傳。略繪流民撫鄭俠，直圖宿將上凌煙。卷中序劉都轉清戰績尤詳。草茆共有旁觀淚，一掬何因灑九天。

別陳協鎮弼即題畫像

春滿河陽縣，風疎細柳營。此時成遠別，何暇念浮名。憶識陳驚座，多慚陸士衡。縱談毛髮動，百戰箭瘡平。往事聞之熟，新交忽已成。客隨梁燕至，心比露葵傾。大嚼羅羊炙，隨行指雁程。我原名將後，眼向寶刀明。高會花為幄，清歌月照楹。珮疑鐙畔解，珠任掌中擎。麼鳳音猶澀，崇蘭韻最清。手談紅燭短，眉語碧山熒。曲待周郎顧，詩樂元相賡。湘靈能鼓瑟，子晉解吹笙。竈妾知名姓，星奴識性情。鮑姑雙鬢綠，羊傅一裘輕。漏為歡筵緩，秋緣離恨生。

—115—

朝纔徵魏絳，曾容以引對入都。墓又哭劉楨。謂穆坣同年。稍阻雲龍跡，旋聽風鶴聲。術誇張角幻，賊據貝州橫。大府飛符下，將軍免冑行。妻孥良友責，士卒眾心並。赤幟先馳壁，金鱗尚繞城。孤軍分地勢，九死待天兵。自此妖氛靖，羞將戰績爭。看花驢背穩，落葉馬蹄驚。帝許東山臥，君以傷股乞致仕，得旨加副將銜，並在籍食二品俸。天憐南浦晴。聯獅新繡服，飾翠舊冠纓。嫁女春潮近，休官鄉思縈。全家湖上艇，半子舘中甥。客舍行愁寂，公車亦遠征。分攜艱後會，結契感前盟。錦字橫秋蚓，離聲怨曉鶯。一般供悵惘，何以荅真誠。畫餅嗟無補，征衣況已更。人方思解組，謂曾容。我尚試投瓊。澤國空祈麥，時睢州河決，尚未築隄。江村正賣餳。勉留顏色在，為爾寄荃蘅。

移寓彌陀菴簡洪大餄孫

偶借禪關掩薜蘿，此間容得病維摩。隔窗梵唄喧逾靜，入耳鄉音聽未訛。僧大澈，常州人。自汲井華沈玉李，菴中井水頗甘。盡開簾押放金波。抱病以來，不啟窗，五十餘日矣。年來已醒瑤臺夢，一任槐陰日影矬。院中有古槐二株，數百年物也。

法源花事亦堪憐，洪寓憫忠寺。州宅今番傲樂天。一樣旃檀香較靜，幾時風雨榻重聯。群奴遣後長鬚在，好友來時布被便。記取小山鐙火影，莫教交誼減中年。

君年十六，余十七，同讀書莊氏小山堂，是為定交之始。

百舌

一園桃李花，紛紛各辭樹。百舌不留春，翻疑勸春去。

彌陀菴曉起

身閒睡易足，起與曉鐘期。灑掃都已畢，褰簾步階墀。風微雲意倦，露重草心知。不識牽情夢，何人醒最遲。

荅劉大嗣綰次來韻

無端一病阻歸裝，半壁燈分佛座光。獨客未妨頻乞米，鮮民何意更思鄉。偶貪夜坐憐書盡，略忍朝飢覺飯香。自驗心如秋水淨，試將樂意問蒙莊。

懷東都故人

一掬臨歧淚，沾衣尚未乾。尋春虛後約，選夢續前歡。夜永簫聲咽，譚深劍氣寒。明明舊來影，都向鏡中看。陳協鎮弼。

與爾頻離別，茲行最不禁。暗消遊客感，幾費故人心。敬歷三年久，譚從五夜深。小窗燈火影，懸榻待抽簪。魏同年襄。

聽雨鎮連牀，交深略輩行。互聞殘夢醒，同話旅愁長。寄扇香蘭笑，牽衣惡竹妨。朱顏消綺語，辛苦學齊梁。錢六丈均。

鄭老衿期好，唯憐無酒錢。一官猶待補，此吏合稱仙。小鳳矜文葆，塗鴉飼錦牋。近來金石癖，可復似從前。鄭大令敏質。

咄哉狂主簿，搖筆足千秋。痛飲無長夜，放衙聞獨謳。贈衣猶在篋，瀕行，君貽艾葉豹裘一襲。載石貯歸舟。為報劉中壘，松嵐兵備。新詩病未訓。汪主簿治安。

詠懷詩甫就，交共阿咸深。金石平生好，關河此夜心。朝眠先飼粥，露坐戒被衿。何日分南宅，兩君並有移住荒園之約。隔籬酧苦吟。蔣縣丞維時、上舍學沂。

清絕張公子，焚香晝掩關。坐懷誇柳下，遣興擬花間。誤曲為誰顧，新詞待我刪。鄉思近何若，莫放酒梬閒。張上舍讓賓。

司農好孫子，十五已工詩。一日慚吾長，雙輪為爾遲。原知無獨秀，所得是相思。我亦九峰客，誅茆未有期。王公子旼、曦兄弟。

貽我梅花障，薰風吹暗香。報君古銅鑑，濕翠滿空堂。心鏡應同脫，墨華生暮涼。何時湖上艇，小泊傍鷗鄉。孫通判葆元。

乍見驚雙璧，相思又一年。凌波花有影，照夜月無煙。倚醉拋檀板，投懷索錦牋。千行臨別淚，都作曉珠聯。

花事河陽好，連枝所見無。言情春水膩，惜別暮雲徂。翦舌調鸚母，低頭作鴈奴。浮名我何有，所恨負清矑。

一騎流星速，雙行別淚潛。此時嚙石闕，但與撫刀鐶。潁水田何在，河陽花易闌。懷人詩止汝，珍重不輕刪。

擬薤露

人莫不有死，所貴在乘時。美人及遲暮，淹忽誰復思。餞春委芳杜，當秋惜桂枝。歲寒知後凋，匪皆松柏姿。菁華倘終竭，元髮空成絲。

自題東都餞別圖並寄陳協鎮鵬錢處士均

五步捧一榼，十步進一觴。覩茲人情厚，益使懷抱傷。河陽三度攀春柳，一轉車輪一回首。輕騎翩然墮白雲，見爾道旁歔唈久。今年置閏花較遲，長亭草色

綠未齊。一枝紅杏誰所贈，已引蝴蝶車前飛。蟠桃一熟三千歲，不若霜華一畦菜。鳳毛麟角求瀛洲，不若籬根促織鳴相酬。潘郎身作萬花主，謂魏洛陽。豈有庭柯靳膏雨。錢處士，陳將軍，韓陵片石付與君，玉簫吹裂君所聞。

寄湘帆

盡日禪房閉綠苔，離魂勞爾夢中來。道心已到琴三疊，英氣全消酒一杯。別恨鎮隨庭草長，眉痕虛待牓花開。沈郎腰比前春瘦，孤負香羅自翦裁。

蔡七鑾揚煙雨倚樓卷子

一葉鴛湖艇，年年繫柳枝。難忘舊游感，況復故鄉思。乞郡知何地，還山未有期。畫圖頻展玩，莫待鬢成絲。

酬趙刑部植庭為作蕭寺養疴圖

以爾煙霞筆，寫余雲水心。奴慵知病久，樹密覺窗深。日色澹於月，松花吹滿琴。自疑緣底事，塵海悷幽衿。

家同歲生芝田將歸狄道出勻庭雅集卷子索題即以誌別

蹤跡天涯等聚漚，琴樽珍重畫中留。池邊艸長迷春夢，牓上花殘悔遠遊。一卷共讎昌谷集，謂亡友周君銷雲。十年總負太湖舟。君故江南人，出天隨子後。江鄉米賤差甚住，莫待歸來已白頭。

題憩園雅集圖為金五勇並序

　　英山尚書邸第有園曰憩園，門下士張琦、客楊道生、支鳳翔與公子勇讀書屬文其中數年矣。尚書薨於位，勇既奉喪歸葬，復來京師，迎其太夫人。會琦、道生亦下第，將各返鄉里，固聚散之常數。而諸君子念尚書平生知己之雅，惜賢豪合併之難，頫仰今昔，淒然以悲。瀕行，倩工作圖以寄其惓惓不忍別去之意。繼輅與勇定交，晚於斯園也，未及其盛，而適丁其衰，宜漠然遇之。乃其頫仰今昔，淒然以悲，有不異於諸君子者，則又何邪？姑題辭幀端，以諗世之得此圖者。至尚書之所以知諸君子，諸君子之所以受知於尚書，與尚書之所以教其子，及其子之所以寧諸君子而以順承其父者，後之人宜有所考，故不著。

索居亦已久，乍覺蒼苔深。懷抱無人同，淒然撫青琴。人生許寥廓，況乃非故林。秋蟬噪斜陽，傾耳如鄉音。

鬱鬱平泉樹，鶺鴒共高棲。秋風一以吹，逝與黃葉飛。不怨秋風早，所惜營巢遲。營巢亦匪遲，離合會有期。平生旁觀淚，為爾一沾衣。

吳二堣令郯城有惠政縣諸生徐棻疏十事請余賦詩為著新樂府如其數

理積案

我公來，來何暮。長身頎頎，觀者塞道路。一邑雖彈丸，中有十萬戶。窺公意指，伺公喜怒。一解。公坐堂皇，四門洞開，吏抱積牘紛前來。昭然辨黑白，曲者媿服，直者歡如雷。二解。謂公仁慈，不廢夏楚。謂公執法嚴，公實誨汝宥汝。嗚呼！公兮民之父。三解。

逐博徒

公命駕出門，左右請所之。公曰馬首是瞻，吾將渡沂。一解。沂河水清，不如公明。公飲沂水甘，使我郯民安且寧。何用寧郯民，但願女不惰織男勤耕。二解。男不耕，事遊戲，白日飲博肆無忌。前驅傳呼我公至，聾者側耳聽，眇者昂首視。三解。虎而冠者走矣，肱篋者斂其手矣。日旰兮公勞，申令者久之。四解。

築沭隄

沭上吏，鳴鼘鼓。沭上民，分隊伍。惟公為我捍患兮，敢言築隄苦。一解。卑者增，傾者補。我公來兮，民獲寧處。二解。河之神兮聽我語，廻狂瀾兮護稷黍，與公一心兮守茲土。三解。

修邑志

邑有乘兮，誰其續之。邑有才兮，誰其督之。公招諸生兮至前，毋永矢兮勿告，吾為汝師兮課汝讀。一解。無菊不秀，無蘭不芳。佐公輯志，紛羅丹黃。孝子悌弟，有隱畢彰。待襃然兮成帙，慰公心兮傍徨。二解。

碎鼠牙

筆如刀兮，殺機起於毫端。皦皦素絲兮，染而為元。嗟浮雲之翳日兮，明鏡無權。一解。隸來捉矣，一家哭矣。公曰一家哭，何如一路哭耶？縛此鼠子，碎其兩牙。二解。筆已折矣，如刀不磨。鼠無牙兮，奈我屋何。三解。

遣牛儈

解牛者誰，跐之徒。民畏跐兮，如牛畏屠。公猝至兮焚其廬，御魑魅兮敢寧居。一解。昔有牛兮蓄無處，今繫牛兮門前樹，牛亦長鳴得生趣。二解。出而作，無荒田。入而息，酣夜眠。農兮農兮樂其天。三解。

禁挾刀

挾刀手，刀在腰，三三五五意氣豪。行者讓畔，耕者止，且復沽酒醉我曹。一解。公來按名捕，棄刀走不顧，雪刃霜鋒滿道路。二解。賣刀不值錢，毀刀鑄農器。帶刀少年無所事，桑麻種滿村前地。三解。

祀貞婦

祀貞婦，律有祠。五十年，誰祭之。神牌傾倒字蹟稀。一解。我公來兮，妥其幽魂，帛一束兮酒一樽。二解。飄靈風兮采旗，神之來兮雨淒淒，福我民兮雙棲，毋作寡鵠兮孤飛。三解。

葺魁樓

魁有宿兮福之主，魁有樓兮不能蔽風雨。嗟滋乎魁兮奈何許。一解。公來兮愀然，繪魁象兮中懸，乍輪奐兮可觀，祐此邦兮孤寒。二解。

展于墓

于公墓，成頹丘，年年草長驅羊牛，碑已僕兮銘空留。一解。于公我公，前賢後賢。公來展墓，悽愴荒煙。二解。煙荒荒，竄狐兔，邪許聲中築墳固。君不見東海孝婦名周青，神道亦禁樵夫行。三解。

郯城八景吳大令同賦

海樓朝霞

呼吸真疑帝座通，倚闌平視日升東。肯教寶氣迷銀海，或有仙靈駕玉虹。沂沭雙流春水碧，青徐一望曉天紅。莫吟謝客驚人句，下界牽情夢未終。

石門夜雨

坪開巨石石成門，雄鎮郯封舊有村。果否先賢曾信宿，祗余逝水競追奔。何人別艤三湘艇，此夜金銷獨客魂。我亦倦遊思吏隱，惜無佳士共芳樽。

仙洞雲窠

由吾仙蹟據層巒，峭壁深潭上下看。怪石倚巖驚虎臥，長松跨澗學龍蟠。花迎

洞口春常暖，泉漱雲根夏亦寒。到此塵心應滌盡，可能容我便驂鸞。

禹臺柳鶯

郯子遺封尚有城，高臺更以禹為名。青青水面千條柳，嚦嚦枝頭百轉鶯。此處果宜消永晝，一春最好是新晴。元圭神蹟憑誰問，贏得韶光畫不成。

沂水春帆

長堤芳草綠侵衣，小試蒲帆點水飛。燕子來時能話舊，白鷗眠處愧忘機。載將別恨迷春雨，偶傍斜陽誤酒旗。咫尺江南勞遠望，有人天際見依稀。

白溪秋月

祗許冰心貯玉壺，蘿衣猶帶俗塵無。幾經風雨逢良夜，如許煙波蕩一珠。天遠轉疑芳桂近，秋高漸覺客星孤。方平化鶴歸來否，城郭依然在畫圖。

紅厓古梅

傍水臨厓一樹梅，雪晴月曉鎮徘徊。幾生修得名花到，伴我惟應獨鶴來。謫墮仍居香世界，莊嚴轉避玉樓臺。何郎自是無鄉思，偏向揚州次第栽。

龍門桃浪

疏鑿神功蹟尚存，煙波恍憶武陵源。依然絕壁開雙闕，終古春波赴一門。峰列翠屏山上下，瀑噴冰練水潺湲。乘風幾輩登臨去，雲影猶疑燒尾痕。

崇百藥齋文集第十一

餐術集一

為趙青州丈懷玉校定詩集題後

幾輩頹唐不自持,幢名精進最堪思。試從東郡趨庭作,讀到夔州以後詩。

贈族子鏞

束髮弄筆硯,早受吾兄知。吾兄老廣文,三絕書畫詩。祝我勝元方,愛我逾衷師。孤兒擅文譽,兄也實倡之。自兄成進士,蹤跡始乖離。兄既一匏繫,我更秋蓬飛。依人二十載,綠髭見素絲。憐兄負經濟,淹忽不及施。吾宗值中落,大廈誰與支。習聞餘慶說,驗否或差池。雖然久不振,盛衰會有時。佳兒跅弛材,不介輒已馳。絕塵乃知返,尚德矧未遲。何由徵今詣,但覺悟昨非。才士豈無行,吉人恆寡辭。惟於風雨夕,欵欵舒衿期。每憤風俗媮,家庭氣澆漓。飛慚脊令鳥,植媿荊樹枝。竊欲挽使淳,惜無塤應箎。風流悲頓盡,斷雁嗟何依。與爾齒相若,弟畜不復疑。貌恭詎所尚,志篤終不移。我有同產子,謂耀遹。少小讓棗梨。其才亦清放,懷抱含芳菲。策蹇遊西秦,幕府三年棲。苦言故鄉樂,未忍妻孥飢。索居鎮鬱鬱,終歲長相思。見爾諒足慰,念彼仍歔欷。何時得躬耕,我鋤爾則犁。高吟互酬荅,濁酒相娛嬉。安能別行輩,損我情怡怡。此願固難遂,此約期堅持。庶幾抱遺經,猶得次第治。鄰里誠見推,取法請在茲。

早起戲示彭城君

殘香未燼月如煙，無賴春禽喚早眠。偏是不堪留到曉，借人書籍典衣錢。

戲代彭城君答

半堪慰藉半堪憐，客裏韶光感去年。榆莢漸飄荷葉小，也應拚費買春錢。

即事戲簡劉編修

春來米價如餐玉，病後文思尚湧泉。誰似劉郎最解事，替人催送作碑錢。

古意戲簡管大貽葄

林下分明見謝孃，腰肢穩稱藕絲裳。天生國色從人看，不向菱花炫曉糚。
乍說無雙亦自疑，偏教眾女譽蛾眉。飛璚尚作傳言婢，不到瑤池那得知。
一枝冠絕六宮春，猶自添衣顧影頻。粉黛三千從妒盡，也應無奈負薪人。

荔生為三女寫生絕工余索畫三年矣轉不可得詩以促之

左家嬌女嬌無奈，裁紈索畫如索債。阿兄孄散天下無，下筆忽如風雨快。並刀翦取紅薔薇，枝上分明連莫靄。是時壓架開正緣，翻覺真花無此態。堆牀絹素高連屋，日久都忘誰所丐。方期乘興償舊逋，忽已自言今日嬾。賞音不惜千萬彈，能事徒嚴促迫戒。若使施嬙待寫真，鏡中凋盡雙眉翠。我代花王下急符，兼為竹君謀薄醉。飲酣一揮十萬枝，不放春光出世界。

春陰排悶分貽里中諸子

解玉虛傳玉女沙，三生詩骨本如花。幾人編集題長慶，遲爾裁牋報任華。醉後青萍橫薄怒，春來紅豆護新芽。拚教折盡垂垂柳，那有長條繫日車。周孝廉儀暐。

謝庭早聽鳳鸑聲，玉署珠江愴別情。敢向畏之稱執友，漫將無忌比名甥。書兼道藏連宵注，詩裓仙謠向曉成。斫卻月中青檜影，此時心地最憐卿。董明經士錫。

繡佛絲連乞巧鍼，香羅拋散紫團葰。直教楚竹條條束，未了吳綾幅幅唅。鏡檻塵生迷曉，黛燭房焰小觴橫琴。如何一掬樊南淚，漲作春潮爾許深。管孝廉貽葄，時方持婦服。

回首高陽感舊游，十三身裏醉鄉侯。未須貝齒誇方朔，多恐鳶肩誤馬周。賣賦錢空餘綵筆，上書人老惜征裘。何如穩臥滄江好，斗酒猶堪與婦謀。吳秀才繼照。

曲曲屏風護曉雲，瑣窗拓處見斜曛。釵鸞低壓來禽帖，衣麝濃沾闢蠹芸。偶借鴛鴦徵玉笥，本來蝴蝶是仙裙。名園歸隱平生夢，只把春愁屬司勳。崔上舍曾益，並悼其婦翁莊郡丞達吉。

同時我識三公子，東閣論交汝最深。水厄不辭攜月飲，歲荒虛抱指困心。每看白菊傷前度，欲改朱絃負賞音。休更八分誇阿買，金鑾餘痛亦沾襟。洪上舍符孫。

湖海相看氣漸降，似君才調定無雙。一畦殘雪理仙蛻，時為莊君曾儀營葬。半畝荒園駐佛幢。賦罷柳枝璃玉管，迎來桃葉木蘭艭。只應難解巴童怨，貰酒頻驚隔巷尨。管上舍繩萊，方倡率里人設粥賑饑，故用佛在給孤獨園事。

德門餘慶是耶非，煮字由來不療饑。何物老奴瞋後至，謾勞術士語先幾。青氈自壓將穿硯，黃竹空藏待嫁衣。易得感恩吾未信，如君知己詎全稀。張明經若曾。

立夏前一日過董十九話別因賦七韻

舞鶴思風高，棲猿戀穴僻。相逢值煙蘿，期與久松柏。縹緲知未免，川原固無迫。縱情方在茲，歡悰亦成昔。行期屢見更，故鄉已如客。及此一日春，沉醉詎所惜。欲譚未敢深，重勞念今夕。

過張布衣引孫見庭中白玫瑰花盛開感賦

丹邱真人璃玉節，飄墮銀河化成雪。臙脂狼藉人間春，盡掃紅霞見寒月。可憐天上張公子，泣竹噓蘭作花史。東皇吹倦鼠姑風，絳砂仍是麻姑米。一枝乞我瑤華音，知君與我同素心。水仙一曲劇矜惜，霜娥冰淚流盈衿。紗籠如煙露華重，羅浮未是牽情夢。向曉幽香更不勝，手拓文窗招白鳳。

重有感

高飛悔附鴈南翔，可許分棲瑇瑁梁。恥見要人顏竣貴，毋多酌我次公狂。向來涇渭差堪別，從此恩讎恐費防。荃化也知無足惜，且須著意護蘭芳。

暮仙謠

元洲班班旋紫雲，靈眸絕朗坐當春。九龍不吟太華碧，方響一擊趨群真。修眉雙翠瑤池綠，百疊單綃圖石竹。釵頭翠鳳飛向誰，鸞笙誤倚排空曲。蚖膏息焰冰蟾起，卅六閒房寂如水。甲煎偏燒隔院香，風絃似觸橫窗幾。人間晝短仙漏長，帆迴水遠斷人腸。留將鳳紙千行字，待轉橫波一瞥光。

魏大襄歸自洛陽話舊有作

拜母仍前度，為君啟寢門。乍驚圖畫在，旋憶笑言溫。塵鏡窺新鬢，花磁撫舊罇。餘生如夢寐，相對一聲吞。

往歲正同病，遙遙千里情。返真仙境在，君病中，魂遊至一道院，署曰仙長公仙吏棲真之所。聞吟聲甚狎，入視，乃余也。出險世緣輕。小倚憐鄉樹，間行愛晚晴。明朝北門外，攜酒酹冀生。錢大申甫與余同病都門，比已歸葬。

風鶴驚心日，軍行值歲荒。急須銷響應，何計集流亡。從此樽無綠，頻看鬢有霜。淮陽方臥病，一面是誰當。時河南太守齊君方抱病。

遺愛君長在，吾行亦大難。人情中土厚，別緒故鄉看。遞淚銷紅燭，移根護紫蘭。如尋舊題句，煙墨未應殘。

鳥聲

窗外鳥聲千種好，向曉聽來似聽琴。此時卻話巴山雨，不覺重傷灞岸心。日永且宜勤寫韻，歲荒那便廢高吟。浮榮正恐關卿慮，人海波濤一望深。

牙籌

辛苦牙籌二十年，安豐晚節信堪憐。可知血氣方剛日，百萬曾經卻賭錢。

斷炊戲示彭城君

苦說江鄉且住佳，背人幾度拔金釵。明朝好是庚申日，數典先徵璃瑁齋。

題荔生寫生

芳艸閒庭日又斜，年年寂寂送春華。可無漢上攀條淚，來染江南沒骨花。小劫勉留風外影，他時誰護壁間紗。何心更與誇雙絕，如此流光定可嗟。

崔公子曾益楷書歌

崔郎楷書妙入神，氣挾秋肅無春溫。團團紈扇月滿輪，中結方陣排勾陳。層臺復閣圍重闉，井九百畝田初耘。一縱一橫經界均，締視不見烏絲痕。直內方外象取坤，玉盂置水波粼粼。細於瑟瑟拋輕塵，徐察翠羽數錦鱗。粲乎隱隱含嶙峋，各具柳骨兼顏筋。心正筆正何斷斷，書貴瘦硬古有云。猗嗟此技應無倫，俗體綺麗不足珍。競尚塗澤嗤貞，醇譬若滿堂多美人。歌脣舞態嬌陽春，伊誰後至行逡巡。默然不笑亦不顰，偶迴一盼搖心魂。君窺此祕勿與群，矜重始覺

夫人尊。使我愛玩連朝昏，毀方為圓俗乃淪。蒸黎規竹徒紛紛，鷹鸇斂翼如鷗馴。埶司揚激淆清渾，私慮豈獨區區文。因君此書氣節振，起衰當策昌黎勳。我詩雖愧唐王孫，懷素一歌非厥真。最哉崔郎專且勤，行將對策登南薰。小或封事大贊編，側媚豈敢達紫宸。人如其書兩不磷，委蛇俯仰帝所瞋。

題包十五畫扇戲五用錢字韻時復自白門移居邗上

春江如鏡布帆便，見說新居又一遷。怪底年來耽作畫，畫中山好不須錢。

過惲二秉怡作

晏公祠前水拍隄，隄邊竹樹稱幽棲。寫罷富春山一角，朝陽纔上小樓西。

管大繩萊得一匕首有文曰食人感而有作

管生示我一匕首，其柄有銘曰食人。人是何物供汝飽，觀之使我感歎頻。豈無豺狼伏山谷，亦有狐兔潛荊榛。是皆貪殘不可蓄，汝能除之惟汝欲。大河以北秋蝗飛，大江以南甘澤稀。幸逃皮骨填凍壑，敢望肌肉回春肥。渴虹下垂吸不得，熱血久已消癗痍。管生三十著書早，學劒不成亦大好。方期宦達作霖雨，豈屑昽睬皆入懷抱。君不見寶器顯晦各有時，如今廟堂重鼎彝。鈠奴乏食慎勿怨，主人誦經方忍饑。

送洪大飴孫之官東湖

十五共君學，相期在刪述。四十乃作吏，始願詎所屑。內行權自操，外遇理難必。苟以實心為，功皆可及物。校士得誰某，修書成幾帙。浮沉翰苑中，例得至顯秩。君子任其難，官卑敢云屈。撫字固宜勤，獲上亦有術。偏徇非通才，毋言臣力竭。

彝陵本屬州，東湖今郡治。持較歐陽公，事已判難易。況經邪說煽，民或未知義。遂疑良苗生，必先惡草薙。元成漢業衰，讀史懷酷吏。方今際昌期，何乃為其次。勿慮教化難，信道或未摯。早誦先聖書，一一行可試。惜哉見異遷，常譚久捐棄。

同學洛李鳳臺。與襄，魏洛陽。吏才夙所歎。任事無旁撓，眉宇見精悍。君性稍和緩，亦頗矜獨斷。吾意師一心，未若集眾善。束髮攻辭章，君尤樂譏彈。為政寧不然，定文例可援。非云桉牘旁，左右得闃觀。

俗吏非所甘，他事苦無暇。終日勤簿書，甚或繼以夜。道齊誠有方，虞詐自悉

化。訟庭春草長，餘暑正堪借。先公勤著書，初稿尚滿架。亦有故人子，子子待婚嫁。名山攝屐登，佳士倒屣迓。何必屏絲竹，兼可習騎射。誰云宦海深，清流一泫瀉。

宛宛同源魚，依依一林鳥。學術無歧趨，昏媾期永好。兩家堂上親，時時互懷抱。豈知不寧風，曾未待衰老。君今雖得官，捧檄苦非早。吾行負神明，遺禍及襁褓。君以先人故，未忍禮經考。迎葬先塋旁，哀哉新鬼小。

知交集京華，贈言爛盈軸。就中金金孝廉皋。與徐，徐通政準宜。古誼一何篤。非徒和歌難，言盡無可續。何用送君行，但有淚堪掬。差喜水程逸，順風一帆速。鬱鬱宜都城，行將訪先躅。餐我絳雪英，飲我湘波綠。

效香山自吟拙什因有所懷一首

遊倦戀鄉里，感此春日遲。朝餐既得飽，徐行遂忘疲。還坐展牋素，欣然成一詩。我詩雖不工，頗異月露詞。妻女有同好，迂濶不我嗤。稍恨比興指，未能悉相知。樂天昔有作，往往懷微之。早持淨名經，豈為標榜私。以我索居感，驗子獨吟時。互証行可待，毋使古音稀。

贈鶯次野史亭舊韻

園居僻無鄰，禽巢若對宇。昏旦有常度，相與共興處。黃鶯不恒至，矜重逾靜女。乍聞一聲囀，急起窺眉嫵。徐徐展疏簾，翩翩忽高舉。平視意已瞋，敢望接緒語。何因被絃管，名字喧樂府。全用元句。得毋悔集穀，歸思含激楚。當風揚玉聲，顧影惜金縷。幽谷詎所安，喬林正堪數。徒云避網羅，應已棄儔侶。緬懷山梁遊，時哉願師汝。

得劉兵備大觀見懷詩一年矣暇日繙閱及之惘然有作

去年初夏得公詩，匝歲方驚作答遲。疎雨灑窗人病夜，狂塵如霧夢醒時。一舟滿載悲秋淚，病後於七月中由水程南下。萬口空傳下第詞。此日閉門堪告慰，更生又盡酒千巵。

首夏臥痾因與彭城君述去年京廬病緒口占五十韻

芒種初逢壬，濕熱中肌腠。土菀木易乘，煩懣連兩晝。山妻意屏營，訝我顏面瘦。消食宜檳榔，導氣資荳蔻。有病斯病當，所指亦非謬。終慮操之蹙，藥力太馳驟。不如姑少安，元氣當自復。因招使來前，感君意良厚。此疾未足憂，

遣悶聊話舊。去年當此際，厥狀幸未覩。初疑壓層冰，作氣尚一吼。繼乃投洪鑪，無力更呼救。銳於引錐刺，灼若團艾灸。人靜轉厭喧，晴窗瀉簷溜。燭滅反有覩，空帳懸列宿。枯魚方索肆，雛禽忽離轂。冥然遂無知，重衾類空覆。或繙治聾方，或誦天眼咒。招魂健登屋，逐鬼怒開竇。紙鏹飄秦灰，硃符雜漢籀。就中兩同學，楊大令傳棨、謝孝廉迴。去每眾賓後。檢點及著述，商略到櫸櫃。驗以來復期，如是七日又。惘惘脫獄囚，范范出阱獸。漸覺形神並，苦嫌皮肉臭。轉側骨尚僵，爬搔爪盈垢。悽悽對殘膏，迢迢怨長漏。心知藥牓揭，車馬正填湊。客來強相賀，更生實神佑。我亦微頷之，免死荷特宥。令弟錢孝廉相初。聯徵車，宣南一椽僦。其病更可駭，狂叫似索鬭。適聞當戶歌，旋見棄衣走。我甫一息存，渠已七尺僕。斯時客中心，何止集萬轂。張子琦。習靈素，神哉殆天授。呻吟對榻初，同邀病源究。一生而一死，察如辨左右。浮生多疾苦，甚者促年壽。禍福豈在茲，俗見毋乃陋。平生張惠言。與莊，曾儀。修德宜獲祐。我齒行過之，觀河從面皺。即今杜門居，何事足僝僽。晝永溫舊書，歲儉節醇酎。於人既無爭，得天洴已富。胸中五嶽平，窗外一巒秀。何以答清和，明當出觀耨。山妻聽我語，淚落還如豆。達觀信可尚，出險幸無狃。慎葆金石堅，永與松柏茂。

九日莊邠州外兄招遊城東諸寺因小飲舟中酒間戲作

珍重江鄉酒一樽，卅年前事聽重論。幾人歸杖如公穩，扶罷桐孫又稻孫。兄兩孫鈐、鐈從遊。

平生花月醉千塲，肘後慵繙辟穀方。忽攬菱花笑王母，蛾眉蕭颯似秋霜。兄年八十一，兩眉皆已皓白，今忽變黑。

艤舟亭外日初斜，遙指浮圖興轉賒。無數紅裙圍白髮，一翎濃翠豔於花。

姚二宴自都門歸吳興過訪荒園話舊有作

風雨正愁寂，欸門來故人。乍覺浮雲開，見此月一輪。參同仙客元關啟，吳質秋心亦成綺。周郎顧曲漸無心，忽聽歌聲繞梁起。謂曾容山子伯恬。異時我客春明春，少年花骨爭嶙峋。萬錢未下左相箸，十丈敢污元規塵。櫻桃芍藥花開遍，槐柳森然不曾見。醉把金鞭叱浪仙，馬蹄讓我馳輕電。豔夢如雲逐曉飛，綠陰空訂再來期。當筵意氣消雄辨，倚檻心情付小詞。君今三十差應勝，相逢亦減年時興。自束奇才校六經，言歸故宅荒三徑。扁舟如葉泊江干，握手無端集百端。卻憶西山橫暮靄，一峰殘雪不勝寒。

先師楊先生嶋穀種松採蘭遺像為公子近勇作

種松向北芒，松小無遠枝。溉以孝子淚，鬱此雲霄姿。采蘭循南陔，蘭弱不盈筐。薰以孝子德，蓄此懷袖香。孝子事親既，從親歸北芒。孝子更有子，攀條淚沾裳。陔蘭枯益榮，敬為慈母祥。慈母千曼壽，彌驗世德臧。小子孝子徒，十四受禮經。粗知定省節，再痛風不寧。嚴霜摧靈萱，梁木亦已傾。知我舊來意，獨有一鐙檠。暉暉五夜光，滔滔六代文。往往荷奇譽，傳以娛偏親。夢奠值廢業，哀思苦未申。祥琴調已久，心喪復何論。縱遂築室願，言歸及茲辰。所望二三子，早建房杜勳。明明遺訓在，曷間沒與存。仕成告丘墓，庶慰文中魂。

有悟

誰寫蒼茫獨立圖，披圖乍覺此身孤。石崇樓畔田橫島，魂到重泉見得無。

春雨

春雨鎮淒淒，春愁夢不迷。終宵聽布穀，哀過秭歸嗁。

答盛五思本

白髮緣愁幾許長，煙濃霧重送年芳。此時拚與垂簾坐，只有人間盛孝章。

簡周大儀暐

經旬不見周公瑾，聽說荒廚又斷煙。誰識夜窗騰寶氣，左龍右虎護吟箋。

積雨臥疴口占贈婦

同室先疑似夜臺，風聲差少白楊哀。一春病以禁寒重，千里書因索負來。客說相思偏易去，天如欲殺又憐才。祇卿眉黛朝朝鎖，遙與濃雲掃不開。

戒飲心情已可憐，不堪禁例到殘編。光憑畫燭當晴日，藥為荒廚續斷煙。片刻煩冤休訴佛，一溪惆悵誤成仙。傷離傷逝千行淚，始惜輕揮損少年。

竹寂絲沉愴謝庭，柳花如雪忍重經。奩中剩有同心佩，座右虛貽守口銘。負汝橫波空一世，折人庸福是雙星。而今小覺槐陰夢，贏得鐘聲並枕聽。

病緒離懷自較量，浮生歲月總飛揚。分衾互覆三更雨，煮菜同挑一院霜。比翼久拚鵬翮鎩，癡心猶望燕雛將。天恩止此無多乞，怪煞庸奴願易償。

趙通判廷俊招飲小病未赴因簡莊邠州兄暨座中諸子

江村風景未全訛，兩度春筵奈病何。前公讌邠州，亦以病未與。吉夢空占宜酒食，哀情漸欲廢絃歌。春來連得陳古華、伊墨卿、楊蓉裳之赴。縱橫藥裹連璃管，斷續花鈴誤玉珂。一老倚樓同悵惘，趙青州丈病亦未愈。不知誰聽雨聲多。

吟牋觸手惜年芳，伯恬、小松、孝侠並有餞春之作。況復忽忽是別觴。小松、孝侠、仲遷俱有遠行。竹影搖風知易醉，柳花禁雨未能狂。李謨長笛吹新霽，謂項四。桃葉輕帆帶夕陽。我似輞川詩有畫，不須樂意問蒙莊。

送崔公子北行次周大韻

去是愁中住病中，亂揮別淚向東風。寒雅傲汝雙棲穩，生馬憑誰一顧空。芳草驚心衫袖碧，畫樓回首燭花紅。燒春遲我同豪飲，羊炙堆盤擘嫩蔥。

斷酒三月矣偶飲數杯陶然欲醉再次前韻

一度春歸酒一中，何心仍怨落花風。注完靈素文辭少，讀罷華嚴富貴空。新月窺牆蛾影綠，舞衣曳地燕衿紅。珠胎計日交龍虎，未擬裁紈佩鹿蔥。

劉主簿叔重自秦中乞假歸出古錢見貽作此報謝

恩恩仕隱兩無成，榆莢重飄愴別情。長物乍疑先世選，歸囊拚為故人傾。不言未便稱高士，有癖都能累此生。我亦年來慵著論，典裘且與醉春晴。

偶感

黨牛怨李彼何人，毀譽悠悠總未真。槐柳眼看前度列，椒蘭心憶舊時春。讀詩可待刪蒙楚，作論如聞擬過秦。珍重中郎他日淚，莫教鷗性竟全馴。

病起

琴書粗整鳥聲催，手拓文窗向日開。一握新霜扶竹立，半庭濃綠擁潮來。還因攪夢瞋簷鐵，漸有閒情到酒桮。急語故人知病起，我詩無讖不須猜。伯恬、五洲見余病中贈婦詩，訝其頹喪，並有和章慰勉之意，拳拳甚厚。

寄蔡郎中鑾揚

深桮珍重慰萍飄，鄉思春愁次苐銷。老馬衝泥頻送客，疏簾待月又連宵。一官冰冷懷三徑，十卷詩成冠六朝。我亦嘔心渾不悔，有人端冕聽咸韶。

寄董編修國華

昔年未識江都相,先寄靈萱頌一篇。先慈七十壽燕,君偕李君福先寄祝辭。作傳尚期中 彙筆,定交已著祖生鞭。詩多飄諭饒秋氣,官稱清寒愛日邊。分宅劉郎詢好在, 劉編修嗣縉假滿入都,住君寓舍。桃花可復似從前。

見說

見說精藍七寶裝,六朝花雨尚餘香。快酬恩怨思祇率,細較華嚴建道塲。地獄 豈應留傅奕,鬼兵久已誤王郎。化雕正有波旬幻,莫漫高居恃法王。

雨止見月

簾絲闌柱費摩挲,一度圓光暗裏過。玉宇無塵秋氣近,銀河如帶使星多。新篁 作意凌高樹,怪石全身被女蘿。苦憶幽蘭禁雨久,空山病葉奈春何。

題屠二湘青山歸趣圖次章兼訊淮上故人

青山橋下水,珍重浣塵容。不是出遊數,那知歸興濃。依依大堤柳,鬱鬱墓門 松。幾日又當去,征衣縫未縫。

踏歌勞送別,謂君所主汪員外敬。飄泊十年心。戰壘河陽雪,哀絃燕市琴。群公關 聚散,賤子悟升沉。認取車前笠,重聽醉後吟。

肝病向瘳贈中表鄒八處士澍

我驅六甲役六丁,胸中五嶽期全平。還丹九轉爐火青,琴心三疊大道成。忽 然左腋金蛇明,錥丸騰躍聲錚錚。尚方願乞朱雲劍,南越急請終軍纓。時清 政肅安用此,狂疾種種難為名。張弓射蔣濟,掘冢讎顧榮。平生報怨薄孝直, 胡乃遷怒儕袁生。始知道力鴻毛輕,輪囷肝膽橫庚庚。健兒呼來作書記,戰 馬叱使供春耕。當時豈免受束縛,四顧不覺悲填膺。鄒君靜者閒於僧,一笑 為我通淄澠。灑以銅仙之甘露,沃以玉壺之清冰。使我內視生光瑩,心旌不 動禪關扃。浮生底事足嗔怪,靈臺自擾非三彭。招提五夜疎鍾清,不學劉琨 起舞聽雞鳴。貝多片葉書金經,何必典韋雙戟揮縱橫。竭膏炫玉惜夭枉,那 更幽憂孤憤搖吾精。愁吟鵩鳥賦,鸚鵡瓊花一昔罡風傾。夷叔太自苦,巷伯 亦過情。青牛老子最頑鈍,至今白髮垂髯鬊。誠知奇骨還大地,且復小炷留 寒鐙。或返兜率棲蓬瀛,時至自有遙天笙鶴來相迎。鄒君歎息君果能,我歸 為君焚素靈。

論醫一首再贈鄒處士

吾儕手無尺寸柄，惟有醫學能濟人。伯陽仲景皆我友，_{魏洛陽襄、張孝廉琦。}鄒君後起尤精純。方今此學最凋敝，其故約略吾能云。素靈聱牙苦難讀，誤文錯簡因陳陳。毫釐之差謬千里，誰識所受非其真。俗工謀食在速化，如以政學古未聞。千夫盈庭互諾唯，深池瞎馬行逡巡。雅知修短事關數，待彼自愈成吾勳。有時蹉跌不任咎，功無與並謗乃分。病家覆按方具在，亦覺藥品含清醇。豈知醫學通治道，一士諤諤支乾坤。誤國何必大姦慝，敗壞往往由庸臣。鄒君弱冠悟通塞，唾棄帖括如浮塵。殷然慎擇活人術，志與良相同經綸。玉函金匱資校正，牛溲馬勃歸陶甄。願書康樂佐醞化，忍令疫癘夭斯民。朝餐未炊敏蓬戶，徒步竟往辭華輪。察聲辨色意欵欵，操管伸紙神誾誾。芩連沃冰雪，椒桂回陽春。徙薪曲突人不覺，弱腕百斛扛龍文。年來我抱幽憂疾，四十學道猶紛紜。感君手為破塊壘，龍交虎會馴乎馴。祇憐培此不材木，奚取上壽儕靈椿。期君絕藝起顏冉，因賢論賞圖麒麟。

與魏大論玉谿生詩作

天與陳王八斗才，洛神一賦鎮疑猜。守宮點臂斑斑在，卻聽鄰牆細雨來。

悼亡感遇不勝情，錦瑟無端錄小名。一自雞鳴詩註誤，衝泥都作狹斜行。

森然槐柳綠陰稠，客自凝愁伎莫愁。試向士開門外過，一篇應解富平侯。

枉負人間薄倖名，偶然豪語快平生。彥昇縱有封侯骨，未到蕭公作騎兵。

眼看河朔感淮西，我識韓碑是借題。苦憶聖皇兼聖相，不關文字重昌黎。

牙旗玉帳盡淹留，可惜涇原據上游。莫漫相輕齊贅婿，少年虛抱賈生憂。

恩恩殉國未分明，冤獄千秋最不平。只有詩人能慟哭，忍隨壽讌聽咸英。

奕世賢妃又姓楊，一枝湘竹淚千行。開元遺事分明在，值為羅衣斷客腸。

知己虛懸千歲期，偶拈藥轉到今疑。腐儒那有佳人慧，盡把燕臺付柳枝。

哭陳辰州_{廷慶}

送我初三邢上月，逢君十八滬江潮。當時祇覺歡塲易，此日方驚別路遙。甥舘畫眉憐晚霽，妓牀調息坐中宵。吟魂鎮有湖山樂，煙水蒼茫不可招。_{君病歿杭州寓舍。}

楊先生倫詩集刊成感題二絕句

冰玉當年冠一時，冬郎十歲正裁詩。疊花舊恨重根觸，腸斷香山哭女辭。集中哭珂女詩，即繼輅聘婦。

文通十卷訂初成，衛氏簪花寫最精。謂外姑孫夫人。今日乍題遺集字，殘燈掩淚看分明。

述夢簡魏洛陽

似憑夢影慰離情，夢醒重教淚雨傾。地下故人顏轉少，車前老僕健如生。託孤遠媿朱文季，傷逝虛傳陸士衡。且欲與君勤握手，華年回首已心驚。

答魏洛陽

美人香草竟何憑，箋注空勞次第增。漫以微詞疑宋玉，久因妄語薄王澄。相思乍送殘秋燕，盛怒難驅向曉蠅。說與中郎應絕倒，更無餘事可填膺。

頻年多病歸咎麴生斷飲者屢矣魏洛陽同年勸余開戒並以家釀見貽欣然有作

醉鄉吾別久，風景記分明。最有煙霞意，羌無寵辱驚。何因成怨府，祇自築愁城。悔過幸非晚，從君尋舊盟。

自我交公瑾，醇醪任意傾。還因一罇酒，回憶十年情。難得故鄉住，況逢久雨晴。明朝定相訪，已覺病懷輕。

校定盛方伯惇崇詩集竟題後並簡三公子

鍾書荀畫兩無儔，回首香山感別愁。此集應堪繼高適，君早直樞庭，無暇述作，出守後始存詩。當時我已諾君遊。癸酉冬，遇君洛下，酒間戲言他日以詩集為囑，並出書畫贈別。時予逡巡未敢應也。十年方岳貧如水，五字微雲淡入秋。他日商量作佳傳，循良文苑聽誰收。

贈劉大叔重

劉郎熱血灑無處，百賦千詩猶鬱怒。徒言彫琢愁肝腎，世醫那得知其故。稽首皈依大藥王，洪爐一昔傾元霜。融精練液方寸七，服之竟體芳蘭芳。丹砂氣薄都非舊，老葛辭官罷句漏。征衣未脫來欵門，訝我山居顏面瘦。凌晨貽我字數行，云是白兔所擣之藥方。一飲祛煩炎，再飲生清涼。荔漿荷露薄無質，瑤草

瓊芝靜有香。人生壽命應難競，所惜華年祇供病。責頭聊反子羽文，擁鼻虛吟洛生詠。方今劇賊雖已除，餘孽往往稽天誅。何當腰弓跨生馬，盡搏狡兔殲妖狐。歸來痛飲穹廬下，芳草芊縣正堪藉。健兒輕俊喚吹笳，泰孃娔嬧工行炙。安能養疴鬱鬱長杜門，愛護樗櫟同靈椿。若教列種白楊樹，庭院久已成秋墳。劉郎聞此意慷慨，熱血如泉又欲噴。

舒孝廉位病歿吳門詩以哭之

風雲蕭槭不勝哀，又報人間失豔才。時為位哭蓉裳丈甫數日。哭爾恨無珠作淚，奠君除借月為梧。何因死傍要離冢，剩有魂歸郭隗臺。我意邗溝差可葬，瓊花移向墓門栽。

五禽言寄劉大嗣綰

泥滑滑，送君行。屐齒折，鄉思生。

行不得也哥哥，天寒日暮奈何。日暮能歸亦大好，坐待中庭月輪皎。

不如歸去，但歸勿慮。大河一舟，何必爭渡。

提壺盧，提壺盧，君今不飲胡為乎。勸君能飲直須醉，不醉何因得成寐。

得過且過，羽毛摧挫。碧雞錦雉毛羽豐，羅張網布春田中。

嫁夫詞

座客無可娛，聽我歌嫁夫。嫁夫不嫁朱翁子，嫁夫不嫁孫伯符。妾顏將衰君不貴，妾鬢方盛君先殂。丈夫遇合各有時，妾心怨早復怨遲。安得三十年長沙王妃，更三十年會稽太守妻。女兒嫁夫不須啼，由來食宿分東西。嫁夫不嫁蘇屬國，匈奴一去何時還。嫁夫不嫁班定遠，投筆無端出玉關。人生百年弦上矢，萬古何人見青史。曷不閉門弄稚子，貧賤同生亦同死。

遙送阿循需次河南

棄硯成吾過，裁牋憶汝工。小時曾了了，別日太恩恩。驛火三更柝，氈裘五石弓。艸間多竄伏，早立健兒功。

趙青州鄰家秋蘭盛開小集分韻

西風幾時來，落葉已橫路。池荷褪殘紅，蓁蘭發幽素。始知眾香祖，曾不感遲暮。仙吏八十餘，莊邠州兄。看花尚徒步。宦海垂卅年，冰心絕纖污。今日歸故

鄉，持此與花唔。倚樓一詩老，久在花南住。相邀作小集，魚蟹間匏瓠。居然真率會，少長皆得與。田家望澤殷，頗懷屯膏懼。是日天午涼，甘雨忽如注。兩翁意彌豁，歡飲荷神助。我亦疲津梁，丘壑抱深愫。久無採佩心，差免當門妬。永從兩翁遊，蘭言定無忤。

哭樂三鈞

青芝舊約又蹉跎，曩與君有木瀆結鄰之約。屈指浮生事事訛。標置略嫌矜氣重，清齋其奈艷情何。麻衣下地魂猶瘁，君持太夫人服未除。芳草當門忌本多。從此二分圓月夜，年年為爾罷高歌。君以八月十五日卒於邗上。

五老會詩和莊邠州忻崔分巡龍見樊總鎮雄楚龔合州際美趙青州懷玉

五人三百七十歲，遠接香山洛下吟。吳會風流連晉楚，崔君，永濟人。樊君，襄陽人。訟庭日靜即山林。第一集在樊公子常州通判署齋。依然大樹煙雲護，各有甘棠歲月深。國慶行開千叟讌，佇聽喜起協虞琴。

除夕人定後黃大應曾攝屐過訪

絕倒今年改歲圖，敝裘都作水中鳧。誰知爆竹聲闌後，猶有窮交問有無。

崇百藥齋文集第十二

餐術集二

吳公子特徵城西秋室圖

連天花霧迷春晴，璧月自向空中行。城西一客捲簾坐，獨聽鶯燕如秋聲。少年懷抱憐清放，一轉輕雷集群謗。琴音香韻未應殊，斗室依然愜幽曠。我住牆東又浹旬，雙扉盡日掩芳塵。就君讀畫識君意，較勝鄉夢還江村。江村差有朋簪樂，長夜遲君共清酌。識字羞隨北去鴻，乘軒未是南飛鶴。住太無聊去亦疑，浮生難遣是相思。不須更寫江潭柳，飛絮分明上鬒絲。

答周表弟儀暐次來韻

同攜殘醉住春明，又展瑤牋賦碧城。豔影尚餘鸞鏡在，新聲偏訝玉簫橫。帳紗了了懷人夢，檀板恩恩顧曲名。咫尺湘南舊游地，採旄翠羽逐風輕。

喜楊大士昕入都即題其橫琴畫像

玉壺傾已竭，客緒方崟嶔。君來如朱霞，流輝盈我衿。譚理未及暢，請君調素琴。琴聲復掩抑，抱此秋思深。王母雙蛾眉，忽忽飛霜侵。文君鬒絲綠，蕭瑟恐未任。審音各有端，所嗜異古今。華年不可再，絲響翔靈禽。

烈女篇

烈女羞貽金，貞士惜素絲。悲哉蕭太傅，永逝無還期。長繩不繫日，庭樹凋春

枝。成仁諒所安，徇名翻見嗤。似聞汲淮陽，庭辨直魏其。東海正憂旱，表墓幸勿遲。

待方大履籛不至

展簟不成寐，方知夏日長。鄉音憐乍雨，歸思動初涼。此境太岑寂，斯人最慨慷。一罇重可貰，無使怨斜陽。

小游仙一首柬余十三鼐

弄鳳呼龍興易闌，玉京小住太無端。惟餘一片豐城鐵，照我尋秋到廣寒。

送蔡七彎揚出守二十韻

孤懷不成默，中夜彈鳴琴。琴和轉幽咽，空谷稀知音。自我交中郎，兩心同一心。高山亦匪峙，流水亦匪沈。雙聲一以合，飛集瑤池禽。皎皎明月光，流輝常滿衿。持此方清曬，未間一夕陰。君撫連理枝，我展合歡衾。傾情苦未暢，送遠忽自今。豈乏流霞觴，別酒無盈斗。及茲河梁暮，為君發高吟。高吟復淒斷，知我離緒深。入閩昔巖疆，戈子時相尋。雖傾柒梲材，謂李方伯賡芸。亦鮮荆棘侵。牽率祇成恨，激勸誰當任。頻年禮樂司，懷抱含惝惜。溫柔矧詩教，武健非所欽。由來轉移捷，易若磁引鍼。報最日堪計，手指西山岑。藉詞遣愁絕，未足稱良箴。

南唐宮詞

唱罷檀來唱五來，江南舊曲總堪哀。不應一炬紅羅壁，便袔新朝散鹿臺。

垂簾故事惜家風，一曲桑條聽未終。豈有瑤池最圓月，秋來翻照景華宮。

片語從容譽趙王，脫簪入道太蒼黃。笑他倚瑟邯鄲道，黃鵠歌殘淚數行。

腸斷秋風錦洞天，燒槽一夕換朱絃。君王絕調哀蟬賦，不破金鈴已可憐。

柔儀宮殿月輪孤，剗韈香階事有無。絕倒諸臣含諷刺，不容人作小姨夫。

索得娘來事已非，三山金鳳篆煙微。紅顏果解傾人國，先遣蒼梧怨二妃。

君戀餘生妾恨深，南來一步一沾衿。若教早飲牽機藥，應識宮中殉主心。

重繙金字黯消魂，可許持花見世尊。死死生生緣底事，替人惆悵是天孫。後主生死皆七月七日。

小樓風雨亂啼聲，祗惜芳儀絕塞行。一種深閨亡國恨，有人世世懺多情。「願兒

生生世世不作有情之物」，吳太子璉妃永興公主語也。

過龍泉寺追憶亡友周二主簿並邀劉編修同作

舊游重到鬢添絲，淨域莊嚴異昔時。可有佛憐靈運慧，並無鬼唱鮑家詩。照人斜日如寒月，扶我蒼松少故枝。小話滄桑歸騎晚，逃禪真悔十年遲。

城南晚歸

訪友城南寺，回鞭已夕陽。栗香前市火，菊影故園霜。物候憐寒近，歸心怯路長。憑誰商去住，目送雁雙翔。

丁丑下第南歸塗中寄懷都門師友

偶作宣南話舊圖，傳觀一昔遍皇都。夕陽黃葉江南景，中有漁莊住得無。盛博士大士。

西鄰風露接東鄰，夕夕經過不厭頻。長鬚張郎花骨在，被人強喚作詩人。張孝廉琦。

早種河陽滿縣花，鶯飛燕舞到京華。一枝籬落秋霜重，為我先春護淺芽。魏大令襄。

曾唱南宮第一籌，十年清冷住瀛洲。豔情豪氣都銷盡，君不言愁我已愁。劉編修嗣綰。

泥牆新粉見題詩，認得汪倫絕妙辭。我去君來剛十日，離愁偏是月圓時。汪員外全德。

樽前清辨最滔滔，射覆藏鈎興亦豪。欲倩龍標吟夜飲，霜天遠寄李倉曹。徐監督準宜。

莽莽秋雲倚劍來，渾渾海水瀉深梧。逢君縱有愁千斛，不向人間唱可哀。姚上舍晏。

忽忽帆影接鞭絲，一角鍾山夕照遲。剛欲泊船金釧響，謝家樓閣捲簾時。邵秀才廣銓。

郎君十五束吟腰，君尊人以知縣改官都司，從軍楚蜀，君皆從。醉倚霜旗玩寶刀。我亦一鞭經戰壘，媿無賊血在征袍。余秀才鼎。

四海同文韻豈殊，東京以後古音疎。劉郎絕業看成日，銷得吳孃玉腕書。劉禮

部逢祿。

十年漂泊負衿期，此日浮生事可知。猶擬用心賢博弈，永和書格建安詩。包孝
廉世臣。

畫省依然近玉堂，詩人例作水曹郎。朝來送我桑乾側，別意河流孰短長。程工
部川佑。

鐙光一粟出牆東，縱我高譚氣似虹。今日已無房杜想，媿將姓氏託文中。儲秀
才師溶。

九日樽前淚滿衣，重窺東閣是耶非。雲旗一角湘江影，可趁靈風到帝畿。李員
外肄頌。君先人兵備君歿後，見夢為湘江神。

相逢俠骨尚崎嶔，老驥全灰千里心。手解佩刀供一醉，不知熱淚已橫襟。黃布
衣虞。

家世勳名百戰餘，幅巾歸第意何如。閒中別有關心事，銀燭親裁薦士書。章佳
少保那彥成。

西城司寇最憐才，虎節應從三晉回。時以治獄山西，留權巡撫印務。知我南歸定愁絕，
九霄秋月逐人來。伊爾根覺羅侍郎成格。

德門桃李護新陰，寒竹清矑本費尋。此事敢勞公引咎，較量翻覺受恩深。姚侍
郎丈文田。

天人三策重西京，有詔傳呼試玉清。偏是仙姝薄家學，一賤飛墮董雙成。董戶
部基誠。

當時年少最工文，彭甘亭。沈小宛。姚春木。汪竹海、竹素。總絕倫。此日宏農援欣事，
董子諒方立。前方彥聞。後又逢君。楊教習士昕。

璃樓高處本無寒，攜得瑤籤倚玉欄。虎觀龍威三萬軸，閒宵都讓一人看。徐學
士頲。

握節新從萬里回，君恩鄉思兩裹裹。升沉一種難銷遣，始悟都緣謫降來。顧侍
讀蒓。

重歸東觀罷南臺，帝意三長重史才。未礙退之耽雜戲，碁盒研匣一時開。陳編
修用光。

清絕詩人董小槎，藥爐茗椀住京華。秋來夜色長如水，願向閒窗護淺紗。董編
修桂敷。

優龍劣虎論交早，今見元方憶季方。鎖院月明蕭寺雨，十年夢影太微茫。_{金禮}部應城，兼追悼令弟庶常式玉。

名臣言行錄初成，便擬前賢畏後生。祇覺歸方文筆好，可煩心苦為分明。完顏中允麟慶。

翩翩十五早耽詩，辛苦秋鐙索句時。毀喜譽憂君記取，由來孤詣少人知。吳上舍特徵。

官閣初聞喚小名，斜川詩筆已縱橫。樽前觸我流年感，不是當時雛鳳聲。萬刑部啟昀。

家學羲之又獻之，綠窗侵曉界烏絲。憐君雙腕明如玉，纔挽強弓便賦詩。章佳侍衛容安。

美人貽我白玉壺，玉光如雪映冰瓬。此行應獻長楊賦，曾問傳家舊笏無。章佳苑卿容照，時扈從木蘭。

為書封事夜焚香，籲澤先期及故鄉。聖世達聰誰得似，報聞曾不待斜陽。盛侍御惇大，時上江南積穀事宜折子，蒙恩報可。

新來何計遣蕭晨，自向閒齋拂簟塵。一曲梁谿歗咽水，畫船剛載合歡人。龔編修鏜。

草間狐兔近何如，革面寧煩盡藭除。倘讀漢書傾濁酒，一篇先展路溫舒。趙刑部植庭。

舊游回首感無端，痛飲狂歌氣漸闌。偶放行春橋畔艇，耐人惆悵是新寒。丁戶部嘉幹。

憶向程門立雪時，芙蓉秋水見明姿。輸君廿載長安住，不遣清霜上鬢絲。呂戶部子班。

當階紅藥幾開殘，翻向歸人羨冷官。他日一麾容乞郡，朝衫留取縐痕看。李舍人秉灝。

此才合遣賦相思，客裏頻邀聽小詞。遲爾玉梅橋畔路，衝寒同訪最高枝。管孝廉貽葄。

天官府第似蓬門，愛客私開北海樽。窗內鼎彝窗外竹，都分濃翠上眉痕。劉孝廉喜海。

南來念汝最心勞，憐汝風前儉羽毛。我已飄零如斷雁，不堪乳燕又離巢。黃甥

昌慈，時需次都下。

燕臺回首隔重雲，草草離情付夕曛。月似眼波山似黛，別來十日始逢君。

明姿冠絕鳳城春，借得芙藻寫洛神。偏是杜陵吟興滅，一庭寒竹見佳人。

一簾同聽雨瀟瀟，魏紫姚黃豔未銷。戲謂魏曾容、姚聖常。記取臨風雙瘦影，潘郎秋鬢沈郎腰。

祢我歸期半月程，秋江早掛一帆輕。豈知坐盡如年日，千種相思賦不成。

西風

秋來日日檢行期，去住無端鎮自疑。不識西風底心性，南歸北去總橫吹。

曉發寄五真

月斜風緊客衾單，獨夜方知選夢難。君定未眠吾已起，可憐各自耐新寒。

行抵江南陳五蠻有詩惜別詩以酬之

盼到揚帆袂易分，鄉思未抵別情殷。東南地坼隨流水，君將省墓江夏。西北樓高有夕曛。山骨也應驚瘦損，溪毛空待薦悽君。寢門晝掩秋蕭瑟，羨煞諸君賦望雲。

謂子霄、伯謀、彥聞諸子。

題從子耀遹雙白燕堂集

悔將歲月付蹄輪，展卷依然夢影真。他日倘傳三世集，謂先兄景度先生及從孫循應。一編差慰百年身。萋萋草色秋將晚，耿耿熒光夜尚晨。且欲柷呼同秉燭，丸熊畫荻久無人。

寄魏大

束髮論交道誼真，相期出處作完人。傳聞引退心先慰，預蓄春醪浣洛塵。

楊七大埔吳門寫詩圖並序

　　　楊子好余詩，攜至吳門寓舍，手自選錄。戴君維昆為作此圖。

宏農一昔霜風起，芙蓉披猖抱香死。醉中慟哭西州門，謂蓉裳先生、西河外舅。甥館蕭條見猶子。夷陵古道接青天，麗句先傳絳雪篇。此日經生作循吏，此時書記正翩翩。左徒一去蘭心槁，卻向江南作秋草。君客洪東湖，東湖歿，遂歸吳中。吳中人未之奇也。狂塵如霧暗橫塘，珠箔沉沉失清曉。楊郎閉門日頌詩，此詩幽咽少人知。

敢望黃金鑄賈佛，竟勞萬徧寫韓碑。名士傾城別如雨，蘇臺往事邀誰語。我亦攜琴訪舊來，青芝山色青無主。瀺湖且復弄扁舟，恨少知音共釣遊。時子將之官平梁。他日閒中刪少作，人閒此卷已長留。

題劉大令珊亦政堂集

宦海相逢眼暫明，更繙詩卷見遙情。世傳仙籍無凡骨，家近湘纍有繼聲。馬後桃花春出塞，樓前黃鶴夜吹笙。怪君雙管能齊下，纔戲蘭苕又掣鯨。

立春日早起即事

太守傳呼夜打春，春花春勝一番新。此時愁煞雙鸊鵜，同我禁寒上畫輪。

土牛頭角半青黃，聽得歡聲說歲穰。我有官田三十畮，種蔬種秫費商量。

一宵絲雨峭寒生，迎得春歸未放晴。卻愛閒聽深巷屟，分明此是故鄉聲。

亂葉緣枝費翦裁，待他春好一徘徊。朝來道韞緘書至，謂仲縮。報我庭梅半樹開。

除日簡劉大令

忠信涉波吾豈敢，廿載輕舟恣遊覽。豈知豪氣亦易除，一渡瀺湖破吟膽。瀺湖水淺三尺強，激浪乃欲高於檣。風帆帖水落不得，篙師痛哭呼耶孃。漫疑懷璧似子羽，雖有墓表慚瀧岡。舟中攜先慈年譜百本。湖神一笑君好去，戲耳何必神蒼黃。到官匝月不敢狂，天乃使我逢劉郎。劉郎玉貌兼花骨，搏象調鶯一枝筆。即論史事亦絕人，曉治官書暮通謁。我聞君名非一朝，君亦愛我忘新交。三日三見仍招邀，深譚未覺明星高。假我中郎之祕籍，君蓄書甚富，許得借讀。沃我箸下之醇醪。邱生急養思捧檄，韓侯任俠占焚巢。君客韓奕山門下士邱琴仙。鄉音傾耳閒吳楚，君賞玉笛吾璃簫。羌無一事樂相就，怪爾劇縣如閒曹。始知龐君世亦有，俗吏瑣屑嗟徒勞。東風一夜吹江北，手翦疏梅作除夕。黃襖裏印合晏眠，轉向飛光惜駒隙。門前益多問字車，座上還饒索逋客。倘能擺脫來祭詩，更挈方干共瑤席。君有一僕，方姓，能詩。

元日劉大令以盆梅倡和詩見示次韻答之

春酒纔傾北海榼，余以立春日預縣齋公讌。無名小飲借盆梅。西洲有客憐初別，東閣他年憶舊栽。守歲小妨仙夢豔，君詩用趙師雄事。擘牋如帶暗香來。兩家共掛蓬萊籍，更看名花頃刻開。謂韓君奕山。

新正二日劉大令過訪以碧蘿春試第七泉君言今日為吾兩人定交之始不可無詩少選詩至次韻奉酬

雨中門巷聽輕撾，騶從無聲哄雀譁。客至只須符調水，詩成應勝檄催花。時庭梅一株將放。未妨一樹誇香國，各有殘編付選家。君言全集流傳，非所敢望。但得數十篇互見選本，足矣。吳下方言君記取，定交人飲定情茶。吾鄉聘婦，饋荈藪十器，謂之茶定，以喻交期，非敢為戲也。

春雨劉大令索次韻

春禽十十復五五，並坐春枝喚春雨。橫空亂飄織女絲，繡出幅幅豳風詩。隨州耽吟正多暇，冬郎索飲來無時。謂奕山。我亦宜春誇百福，瑤牋一日三番讀。雨聲漸急歌聲高，濕雲欲墮梅花梢。想見春塍繞城綠，麥淺湖平連水陸。來宵遲我賦新晴，月痕同刻闌干曲。

雪夜小飲韓秀才詩先就劉大令和之創為六仄一平體明日韓復成六平一仄一章大令仍次其韻僕目眩心駭不能繼聲別綴五言二百四十字戲隔句用韻為兩詩人行成

湧地驚詞源，上天捉酒宿。尊前正鯨吞，豪端忽龍闘。秦晉本昏媾，設壺乃致寇。《易》「後說之弧」，虞氏作「後設之壺」。此方起異軍，彼已待三覆。執銳千矛攢，挽強萬弓彀。是時天大寒，橫空雪花驟。彌覺陣雲昏，遑計銕衣漏。羊腸叱輕轅，虎穴探初彀。奇麗出嬲難，所蓄信殷富。雖然有一言，幸勿責乖謬。德澤布陽春，肅殺恐非候。百斛扛龍文，往事鑒絕脰。請為賦於田，將叔慎毋狃。鄙人素懷安，孔卓實難副。大敵怵當前，老謀思善後。太丘方海。走最先，隴西述來。歸不復。恤鄰無強援，撓敗詎可救。偃旗避楚氛，攖城安莒陋。與其嚙數奔，何如邀曲宥。左氏失師傳，弭兵反遭詬。懷哉魯仲連，一語息群噣。鼎足謝三分，牛耳勸交覯。庶幾靖烽煙，歡然進醇酎。急慰梅花魂，啼紅濕君袖。

辛酉正月偕劉大嗣綰洪大飴孫宿富莊驛寒夜被酒戲聯句成六絕題壁上署曰蜀中女子鵑紅已而傳和遍於京師兩君戒余勿言頃來平梁有王秀才埍以行卷來質則悲鵑紅詩在焉既為失笑而死生今昔之感不能無愴於懷書此寄劉大都中並邀同作

分明重展退紅牋，此事沉吟二十年。縱使蘭亭非贗本，也應不是舊嬋娟。

洪厓仙去太忽忽，流盡湘波恨未終。一賦玉樓傳誦徧，不煩人世碧紗籠。

依然一葦阻銀河，珍重寒宵聽玉珂。此日江頭誰濯錦，恐無清淚浣春波。鵑紅
詩僅憶「年年手灌江邊錦，不殼人間拭淚痕」二語。

題濼湖送別圖為周大令鶴立

濼湖清，使君煮水日一觥。濼湖淺，汲水還為使君餞。使君飲水耽高吟，吟聲
不驚湖上禽。湖禽銜石阻君去，萬淚偏從湖上注。此時湖水深復深，使君悲淚
亦滿襟。官民惜別有如此，我為作歌陳太史，君不見忠毅周公好孫子。

偶感鵑紅舊事有詩寄劉編修並邀劉大令同作大令詩至復次其韻

淒迷夢影重低徊，一寸空餘未死灰。不及佳人名姓好，頹垣著意護殘煤。

傳遍城南尺五天，譚資留取到今年。由來醉語醒難解，莫誤他人作鄭箋。

長堤淺草露春痕，猶是禁寒酒不溫。侵曉十三橋上望，縱無離恨也消魂。

草草催粧上畫輪，重來誰與話前身。劉郎便是桃花影，何必天台問玉人。

寄仲縉叔持

離鄉纔一月，憶汝已千回。鬢覺經秋減，衣憐帶病裁。忍寒休玩雪，索笑或探
梅。何日雙雙至，全家笑口開。

寄前權廬州太守陳丈其松三十二韻

峭寒風有影，積素天無垠。眾中與公別，含意何由申。憶我初到官，謁公日已
昏。拜跪夙未習，疎野或見瞋。平生所挾持，自謂邁等倫。至此舉安用，顧影
彌逡巡。何圖手版入，遽聽傳呼頻。煌煌燒絳蠟，滔滔誦舊文。譽我才無敵，
惜我遇太屯。述造今幾許，得毋已等身。此時秋士懷，肺腑回陽春。頓忘屬吏
卑，奇氣思一振。起敬到臧獲，窺視來眾賓。郎君奉嚴命，見客顏色真。云當
介師友，未敢附弟昆。暇日叩所習，於業亦已勤。麗藻追黃初，校勘羅先秦。
手書相往復，夕或不待晨。公聞意殊慰，諒我交道敦。我雖竊自遠，十日九杜
門。公能適鷗性，不欲遽使馴。慮我居室陋，不展席與茵。慮我食指繁，不給
米與薪。丈人雖甚厚，廉吏亦苦貧。大府下急符，行期迫初寅。將行復念我，
留贈何紛紜。管榻完不穿，鄴架書可陳。物亦何足道，重此情慇懃。送公雪盈
野，公去雪在闉。誰識五日中，迴腸轉車輪。惟有益勵學，庶報如己恩。亦期

公自愛，福我東南民。

新正十九日飲劉大令署壹相約輟吟

一樽且復聽鳴禽，待理官書罷苦吟。小別早知詩有讖，海樹近有小別迴腸之句。相思暫比月西沈。孤心入世憐覊宦，束髮論交幾賞音。未必冬郎禁忍俊，背人惆悵賦春陰。謂奕山。

題徐秀才漢蒼詩卷

一月平梁白髮侵，天留昌穀共高吟。不知此日灊湖水，持較春愁孰淺深。

絕憶詩人趙倚樓，席珍。城南一醉典征裘。徐郎解識離鄉苦，只放輕帆到潤州。

秦淮煙景最魂銷，回首遊蹤付暮潮。一樣閒情拋未得，鶯花三月夢南朝。卷中句。

花影

青溪花影記來真，二十年華二月春。我未成名卿未嫁，此時底事不如人。

楊甥方訓賦春寒甚工韓秀才劉大令孫博士得偉暨惲甥彙昌並有和作感事懷人亦成一律

何心料理到春旛，雨是三番雪兩番。河北役徒思挾纊，時河決豫中，大工未藏。江南朋舊正開樽。迎風鈴鐸人初去，劭文方自懷遠赴西安。臥病房櫳語不溫。彭城君抱痾已三十餘日。今夜小庭應有月，更無清興啟重門。

聞查大令捘將至詩以待之即題其菽原堂集

春萍蹤蹟太差池，得見翻嫌一日遲。何處空山招隱士，尚憐下藥負良醫。君詩有縣令良醫之喻。愁生枚叔觀潮句，淚染江淹賦別辭。地是舊游人舊侶，謂湖上紀遊詩及卷中贈答諸子。可堪重憶少年時。

得薛司馬玉堂書

善謔還如昨，書來笑絕纓。中含知己淚，何止故人情。軌轍飄蓬久，祝氏兄弟。應劉宿草橫。皋文、傳永。申江泊舟處，隱隱夜潮生。

寄李鳳臺兆洛

冷官情緒報君知，但得安貧事事宜。半畝鶯花堪入畫，一家婦女盡能詩。狂奴

賭酒豪無敵，謂查梅鷗、韓奕山諸君。良友分金餽有辭。謂劉大令。他日珠江遊興倦，卸帆莫忘隔年期。時君有粵東之遊，約明年返櫂，迂道過訪。

謁包孝肅祠地名香花墩故公讀書處

雜花淺草城南路，名宦鄉賢共一祠。公嘗由揚州遷領鄉郡。赤棒威名京尹重，烏臺逸事野人知。此墩介甫無爭意，遺像方平有去思。祠中藏公畫像。我是五湖煙水客，釣竿可許試春池。祠前有池，產鯽尤美，非包姓不得漁。

詠菜花

漫從老圃認秋容，拾翠年光見幾叢。負郭草田時斷續，踏春煙雨乍冥濛。盡容照水簪蓬鬢，可許移根傍綺襲。一角斜陽橫絕豔，也應攜酒喚鄰翁。

附同作

查揆梅史

麴塵如雨雨如絲，春在休疑造物私。未免嫌餘金粉氣，盡能看到子孫時。參差燕麥東西隴，點綴鴨桃三兩枝。草草便關飢饉事，行田曾否長官知。

劉珊海樹

桔橰低壓小桃紅，半畝香霏板屋東。近郭偶摹金碧畫，開門盡受麴塵風。田家富貴藩籬外，閒日雞豚醉飽中。記取他年礙根處，煙簑雨笠幾人同。

惲彙昌子駢

社公雨過綠陰深，方罫疏籬愜素襟。挑處乍疑金布地，開殘未傍玉為簪。一畦名士思鄉淚，半畝英雄養晦心。差喜年豐無此色，盡容抱甕發高吟。

楊方訓子壽

踏青挑菜惜年芳，幾處深黃閒淺黃。十畮晴雲先麥秀，半籬疏雨似秋涼。瓦盆客至傾新釀，廢寺僧歸倚夕陽。且與何曾同一飽，未須蔬腹蹴群羊。

董博士桂洲寄示哭婦詞索題其後

手界烏絲賦悼亡，拍名翻按賀新郎。乍飄翠袖風搖竹，待挽香羅簟竟牀。此地由來飛孔雀，時官廬江。一官聊與奠瑤觴。君家慣作神仙壻，山抹微雲又擅場。

七夕次錢太守有序韻

終古星期好會頻，依然雲影豔於春。不知今夕真何夕，見此良人是故人。上界津梁仙路近，小侯恩澤墦鄉親。曉來驗取牽牛放，籬落偏留別恨新。

平梁歲晚寄懷鄉里之作

冥濛曉色似昏黃，尺五濃雲壓草堂。料是江南先得雪，味辛齋內正燒羊。趙青州丈。

南園西閣最魂消，詞亦如人絕世嬌。莫笑長卿徒四壁，一枝猶掛小紅簫。「南園西閣」，錢浣人詞中語。

家傍雲溪雲水涼，分明畫舫似甌香。新來隱隱眉間氣，染出寒梅一樹黃。惲潔士。時詔開特科，里人議以君名應召。

詞源橫決浙江潮，五十才人氣尚豪。潑水新寒鑪火燼，且教呵手待揮毫。祝筱山。

何曾天上玉樓成，秋間誤傳東坡海外之信。淚尚沾衣笑絕纓。畢竟人生生別好，不妨音信斷遼城。丁若士。時久不得書。

仙才逸韻滿長安，蓉影詞成萬口傳。此夜鄉心留不住，雲灣雙艤孝廉船。管樹荃、方彥聞。

昨得劉郎十幅牋，一牋一字思纏綿。不知半璧梁溪月，可有金波濕水田。得鐵文宿州書。

無端竊藥得長生，碧海青天悔此行。一夜寒風吹素褶，更無人聽步虛聲。

獨將家法守歸方，坿傳何因到二王。晦生、惕甫。笑我與公同燕雁，公方歸隱我辭鄉。秦小峴少寇。

宣南吟社冠當時，往在都門，與君及兩蔡、兩許、兩汪、朱篁雨、楊湘帆、戴春溪、姜聽珂諸君讌集甚盛。一語都成別後思。自到灊湖秋太冷，經年未報送行詩。卞雅堂太守。

羊肉千斤酒百壺，將軍愛客正圍鑪。因君別憶陳驚座，光雲、協鎮。蜑雨蠻煙一雁無。張麗坡都尉。

莎廳咫尺謝孃居，見說新秋送鈿車。姜自織雲郎繡虎，莫將縑素比何如。聞王茂園通守新昏。織雲，其姬人字。

屈指江鄉七子才，里中少年吳嘉之、趙芸友、周叔澄、汪逸雲、莊梅叔、湯子欽家姪容卿結社賦詩，

時稱小七子。詩名一昔走春雷。翻愁五鳳樓成日，壓倒難兄百寶臺。_{叔澄，伯恬弟也。}

隱隱文窗見碧綃，闌干百曲柳千條。岑參兄弟應官去，_{謂盛芝菴五洲。}閒殺當時萬里橋。

生平遊蹟喜荒涼，洗研池頭木葉黃。_{坡公洗研池在東門外。}不奈年來成腹痛，故人門巷正斜陽。_{追悼張存樸布衣、黃璞山進士及徐性甫侍御、道南郡丞皆居東門外。}

孤墳三尺暮雲高，_{莊心厓先生葬小北門外。}留與他年禁採樵。不及錢塘蘇小墓，一春梔酒有人澆。

憶向蘆灣賦採菱，_{嘗偕君及洪稚存丈蘆墅採菱，陳滌晴為作圖。}重看此景畫中曾。夜來夢踏溪頭月，親見招提塔七層。_{趙屺山。}

宛從香海繫輕舟，萬樹梅花擁小樓。問訊京江狂道士，一春豔福幾生修。_{浣梧道人。}

若昭已嫁若憲悲，布衣草草自量裁。小園雪後溪橋滑，誰更禁寒探早梅。_{從孫女仲縮、叔持。}

丙舍歸時逼歲遒，霜楓點點污氈裘。曉來雪霽簷花落，都與孤兒作淚流。_{魏曾容、培之兄弟。}

膾殘入膜未應遲，更有桑羊雪作脂。寄語中丞同一笑，_{成果亭撫部過，聽吾鄉神仙舘烹飪之佳，持節浙中時，未及一餐而去，深以為恨。}朝餐仍到夕陽時。_{舘中布數十席，到稍遲，輒無坐處，往往待至日晡。}

當時陸鴨本可愧，此日湯羊又失傳。_{「段雞陸鴨湯羊肉，蔣腐程蹄盛夾茄」，當時里中語。}凄絕故家喬木影，買絲除繡小平原。_{青州好客公子，子光設饌，精腆甲於郡中。}

一語南華記未真，讀書幾輩誤因循。天留二子江鄉住，差與清河_{皋文先生。}作替人。_{莊卿珊、顧蘭厓。}

徐庾文章久絕倫，近來詩律比黃門。_{春初讀近作，絕似陳忠裕。}麻衣如雪秦關道，獨客應無未斷魂。_{蔣小松。}

夢影分明見素冠，湘波湘月不勝寒。去年吳苑瀟瀟雨，猶作尋常客緒看。_{楊伯厚。}

未須慟哭驚姚鼐，那以行吟罥左徒。拚作天涯雙斷雁，不知各有稻粱無。_{六姊書來，云將就養歸安尉署。}

坊名豐樂記蕭梁，比屋吟聲徹短牆。此地社公應飽死，家家來賽束脩羊。_{洪子}

餘、張雨棠、董晉卿、史子春。

梁松父友我何辭，僚壻呼君恐未宜。底日三河開放艇，黃橙紫蟹訴相思。李英望。

家住前溪灣復灣，溪邊眉黛鏡中山。山容只有詩能寫，可惜燕臺句又刪。

南臺東觀總知名，封事傳來比鳳鳴。切莫一麾輕乞郡，且留清夢住瑤京。龔聲甫，時乞假歸省。

自向齊紈圖菡萏，家荔生。閒繙唐韻賦鴛鴦。崔仲遷。憐君正領閒居樂，先我恩恩換急裝。

漫擬吾家轙宦辭，南飛三鳥愴離思。病餘那有江郎管，只譜鄉音入竹枝。

補作一首

行吟偶借曲闌扶，絕妙花陰耄耋圖。笑我閒愁拋不盡，亂分鄉思到貍奴。

十二月望夜雪月清絕示兩女

此夜明如許，重圓歲又更。影連殘雪滿，寒入敝裘輕。寄蹟忽疑夢，舊疴欣已平。聊吟玉溪句，我亦舉家清。

作客未須怨，離家歲事稀。粥香梁竈火，絮點謝庭衣。地僻黃昏早，春歸綠鬢非。汝曹催我老，清影自依依。